PriPri《プリプリ》 BOOKS ブックス

PriPri《プリプリ》 CD-ROM ブック

イラストカット&文例

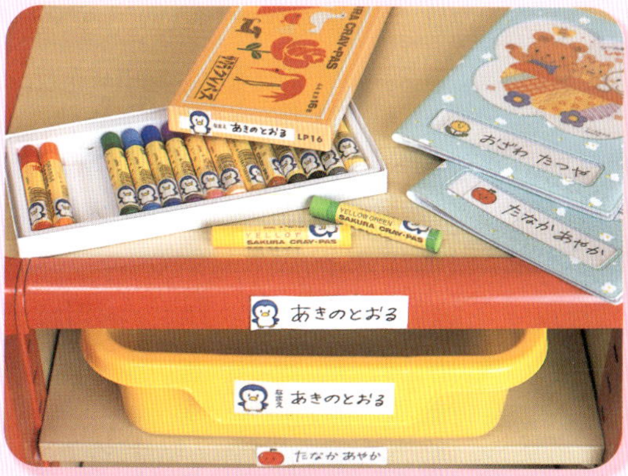

世界文化社

プログラム

入園式

program ····> P004

入園式

プログラムは、表面と中面（各B5サイズ）が別のファイルになっています。テキストの内容や文字の大きさを変更したり、イラストの位置を調整してから、両面に印刷し、2つ折りにしてご利用ください。

平成○年度
第○回

入園式

日時：○月○日（○）　○時より
場所：○○○○園ホール

○○○○園

お願い

●写真、ビデオなどの撮影は保護者席からお願いいたします。

●当園は全エリア禁煙とさせていただいております。ご協力いただきますよう、よろしくお願いいたします。

●入園式後、クラス集合写真を撮ります。クラスごとに放送で連絡いたしますので、保護者の方もご一緒にお集まりください。

表面　P004-01w　P004-01m

ご入園おめでとうございます

本園では、在園児、全職員が皆様をお迎えする日を心待ちにしておりました。

幼児期は、生活体験を通してお子様方の感性が育つ時期です。日々の遊びを大切にしながら、友だちや先生と一緒にいる楽しさを感じとってほしいと願っています。園という場所が居心地がよく、自分自身を十分発揮できる場所となるように、これからご家庭と園とで力を合わせて進めていきたいと思っておりますので、ご理解ご協力のほどよろしくお願いいたします。

○○○○園園長　○○○○

式次第

1、開式の言葉
2、園長あいさつ
3、新入園児紹介
4、職員紹介
5、来賓祝辞
6、在園児歓迎の歌
7、閉式の言葉

中面　P004-02w　P004-02m

※Windowsの場合は、データ名の末尾にwがつくデータを、Macintoshの場合は、末尾にmがつくデータをご利用ください。作り方の詳細は、Windows編（P.142～）、Macintosh編（P.152～）をご参照ください。

運動会

○○○○園

第○回

運動会

日時：平成○年○月○日（○）○時～○時
　　　雨天の場合は○月○日に延期
場所：○○○○園園庭

お願い

●写真、ビデオなどの撮影は保護者席からお願いいたします。競技場内へは立ち入らないでください。

●保護者席以外での飲食、掲示のある場所以外での喫煙はご遠慮ください。

●ゴミはすべてお持ち帰りいただきますよう、ご協力お願いいたします。

表面　P005-01w　P005-01m

本日は運動会にご参加いただきまして、ありがとうございます。クラスの友だち、親子など、それぞれの力を結集して体を動かし、気持ちのよい汗をかいていただきたいと願っております。毎日の遊びのなかで思い切り体を動かすことで、子どもたちの体力・持久力も向上してきました。その成長を十分にご覧いただき、子どもたちの頑張りに大きな声援をお願いいたします。

○○○○園園長　○○○○

プログラム

1、開会式
2、はじめの体操　なかよし体操　（全園児）
3、かけっこ　ゴールめざして　（全園児）
4、玉入れ　みのりの秋　（年少児）
5、宝探し　海底探検隊　（年中児）
6、綱引き　（全園児）
7、ダンス　ハッピーチルドレン　（年長児）
8、チーム対抗リレー　（年中児）
9、障害物競走　野こえ山こえ　（年長児）
10、大玉転がし　力を合わせて　（保護者）
11、ダンス　なかよしあつまれ　（全園児）
12、閉会式

中面　P005-02w　P005-02m

発表会

お願い

●写真、ビデオなどの撮影は保護者席からお願いいたします。フラッシュの使用は、子どもたちの演技の妨げになりますのでご遠慮ください。

●発表中の私語、携帯電話のご利用はお控えください。

●当園は全エリア禁煙とさせていただいております。ご協力いただきますよう、よろしくお願いいたします。

○○○○園

第○回

発表会

日時：平成○年○月○日（○）
○時～○時

場所：○○○○園ホール

表面

P006-01w　P006-01m

本日はお忙しい中、ご来場いただきましてありがとうございます。

晴れ舞台に向けて、「もっと声が大きいほうがいいよ」など、お互いに声をかけあって練習してきました。子どもたちが楽しく歌を歌ったり、大好きな絵本やお話の世界をドキドキしながら演じたりする姿をお楽しみください。それぞれの頑張りをご覧いただき、たくさんの拍手で応援していただきますよう、よろしくお願いいたします。

○○○○園園長　○○○○

プログラム

1、はじめの言葉
2、歌「ぞうさん」　（たんぽぽ組）
3、歌・合奏「おうまの親子」　（もも組）
4、桃太郎　（さくら組）
～休憩～
5、3匹の子ぶた　（ふじ組）
6、大きなかぶ　（きく組）
7、ジャックと豆の木　（ゆり組）
8、おわりの言葉

中面

P006-02w　P006-02m

作品展

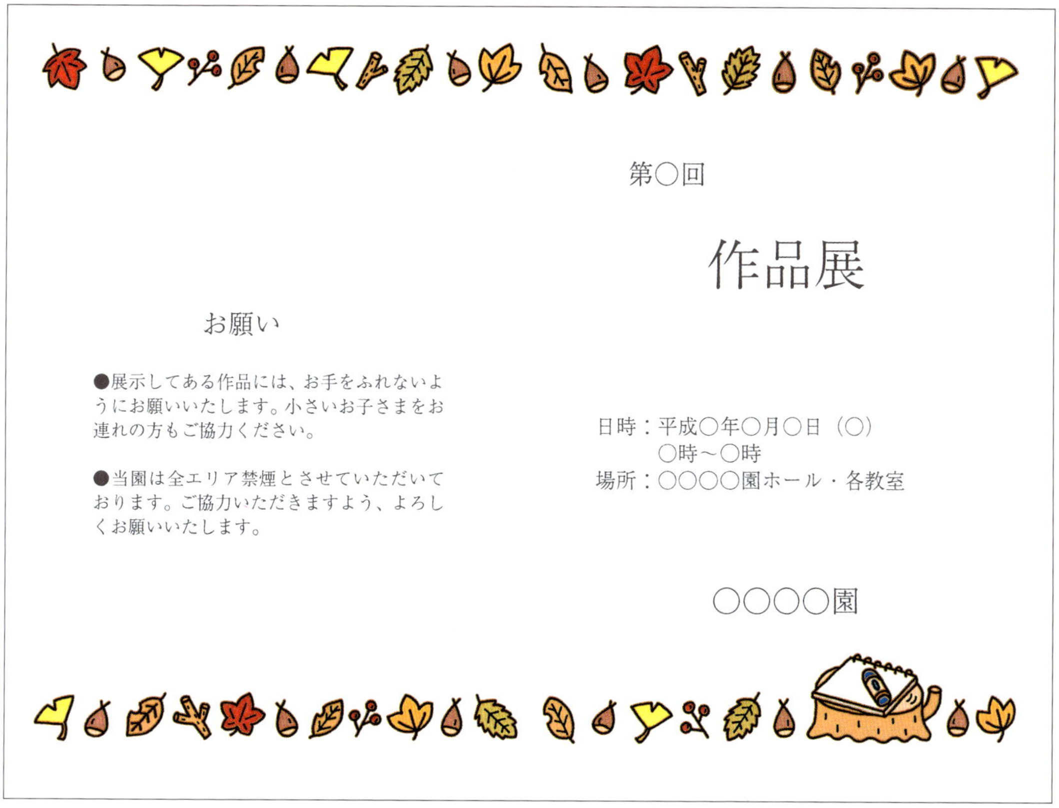

お願い

●展示してある作品には、お手をふれないようにお願いいたします。小さいお子さまをお連れの方もご協力ください。

●当園は全エリア禁煙とさせていただいております。ご協力いただきますよう、よろしくお願いいたします。

第○回

作品展

日時：平成○年○月○日（○）
○時～○時
場所：○○○○園ホール・各教室

○○○○園

表面

P007-01w　P007-01m

芸術の秋にふさわしく、たくさんの作品が並びました。どの作品にも子どもたち一人ひとりの思いがたくさんつまっています。お子さんの作品をご覧になるときには、「きれいな色だね」「おもしろい形だね」など、よいところを一番にほめてあげてください。きっと、お子さんから「こうやって作ったの」「お友だちが手伝ってくれたの」など、いろいろなエピソードが披露されることでしょう。ホールには、保護者の方々の作品も展示しております。

ごゆっくり作品をお楽しみください。

○○○○園園長　○○○○

今年のテーマ「みんなの町」
展示内容

◇おかしの町
（年少児・ホール）
◇動物がいっぱいの町
（年中児・各教室）
◇行ってみたい夢の町
（年長児・ホール）
◇絵画・手芸作品
（父母の会・ホール）

中面

P007-02w　P007-02m

卒園式

お願い

●写真、ビデオなどの撮影は保護者席からお願いいいたします。

●当園は全エリア禁煙とさせていただいております。ご協力いただきますよう、よろしくお願いいいたします。

平成○年度
第○回
卒園式

日時：○月○日（○）
○時より
場所：○○○○園ホール

○○○○園

表面

P008-01w　P008-01m

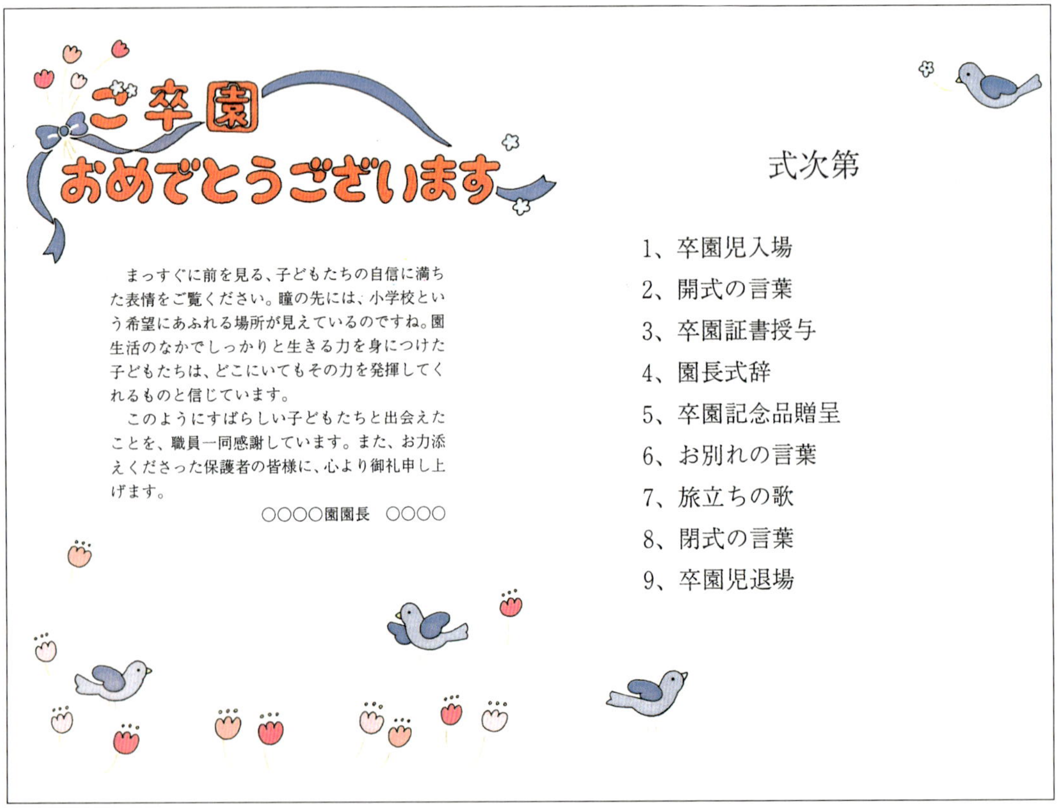

ご卒園
おめでとうございます

まっすぐに前を見る、子どもたちの自信に満ちた表情をご覧ください。瞳の先には、小学校という希望にあふれる場所が見えているのですね。園生活のなかでしっかりと生きる力を身につけた子どもたちは、どこにいてもその力を発揮してくれるものと信じています。

このようにすばらしい子どもたちと出会えたことを、職員一同感謝しています。また、お力添えくださった保護者の皆様に、心より御礼申し上げます。

○○○○園園長　○○○○

式次第

1、卒園児入場
2、開式の言葉
3、卒園証書授与
4、園長式辞
5、卒園記念品贈呈
6、お別れの言葉
7、旅立ちの歌
8、閉式の言葉
9、卒園児退場

中面

P008-02w　P008-02m

思い出

P009-01

P009-02

P009-03

P009-04

P009-05

P009-06

P009-07

P009-08

P009-09

P009-10

P009-11

P009-12

P009-13

P009-14

P009-15

行事タイトル

P010-01

P010-02

P010-03

P010-04

P010-05

P010-06

P010-07

P010-08

P010-09

P010-10

P010-11

P010-12

P010-13

P010-14

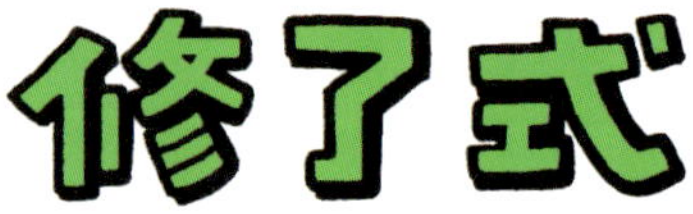

P010-15

P010-16

P010-17

暑中見舞い

P011-01

P011-02

P011-03

P011-04

年賀状

あけまして
おめでとう

P012-01

あけまして おめでとう

P012-02w P012-02m

P012-02 と P012-04 の年賀状は、ねずみのイラストの部分をそれぞれP.13の干支のイラストと入れかえることができます。

※Windowsの場合は、データ名の末尾にwがつくデータを、Macintoshの場合は末尾にmがつくデータをご利用ください。作り方の詳細は、Windows編（P.142～）、Macintosh編（P.152～）をご参照ください。

あけまして
おめでとう
ございます

P012-03

あけましておめでとう

P012-04w P012-04m

P012−02用 干支イラスト

P013-01

P013-02

P013-03

P013-04

P013-05

P013-06

P013-07

P013-08

P013-09

P013-10

P013-11

P013-12

P012−04用 干支イラスト

P013-13

P013-14

P013-15

P013-16

P013-17

P013-18

P013-19

P013-20

P013-21

P013-22

P013-23

P013-24

マーク

便利マーク

P014-01

P014-02

P014-03

P014-04

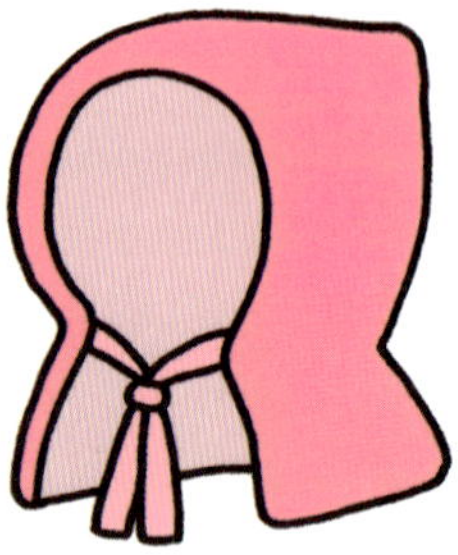

P014-05

P014-06

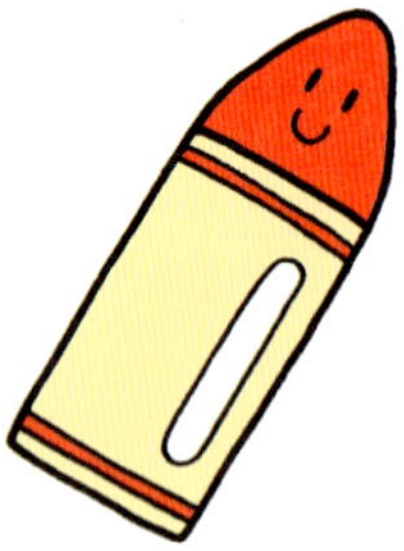

P014-07

P014-08

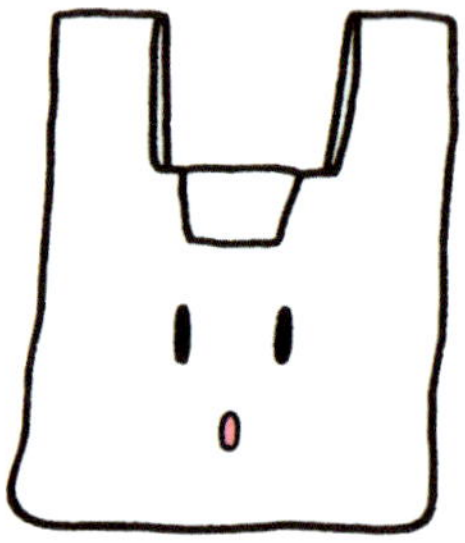

P014-09

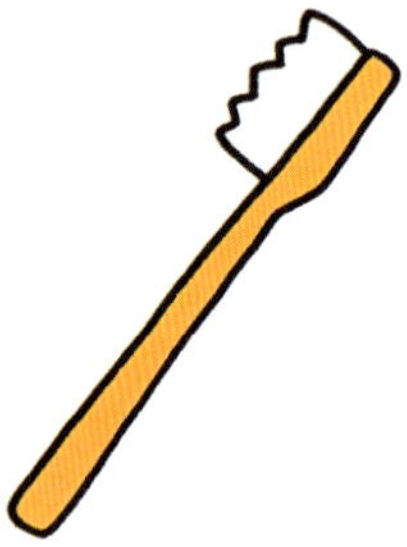

P014-10

P014-11

P014-12

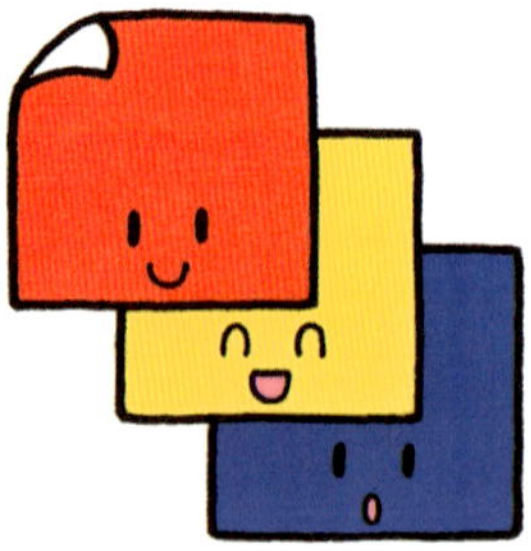

P014-13

P014-14

P014-15

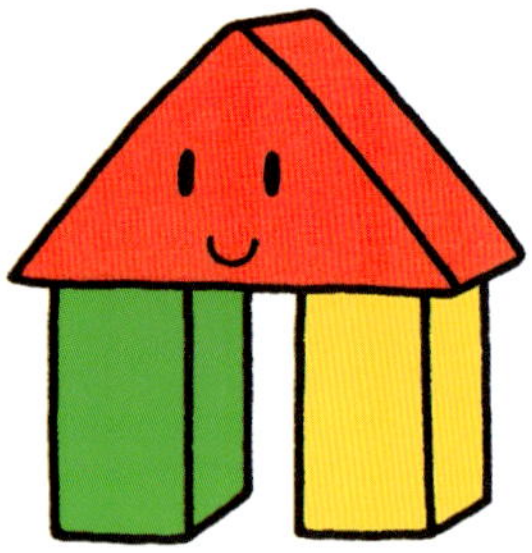

P014-16

P015-01

P015-02

P015-03

P015-04

P015-05

P015-06

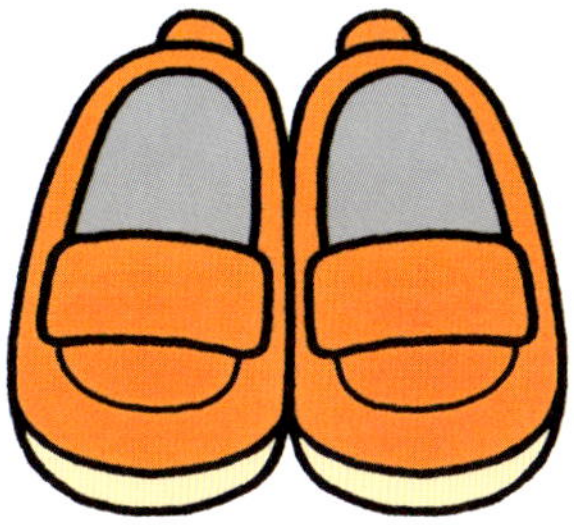
P015-07

P015-08

P015-09

P015-10

P015-11

P015-12

P015-13

P015-14

P015-15

P015-16

個人・クラスマーク

P016-01

P016-02

P016-03

P016-04

P016-05

P016-06

P016-07

P016-08

P016-09

P016-10

P016-11

P016-12

P016-13

P016-14

P016-15

P016-16

P017-01

P017-02

P017-03

P017-04

P017-05

P017-06

P017-07

P017-08

P017-09

P017-10

P017-11

P017-12

P017-13

P017-14

P017-15

P017-16

個人・クラスマーク

P018-01

P018-02

P018-03

P018-04

P018-05

P018-06

P018-07

P018-08

P018-09

P018-10

P018-11

P018-12

P018-13

P018-14

P018-15

P018-16

目次＆CD-ROMの構成

目　次

4 すぐに使えるカラーイラスト

プログラム…P.4、卒園アルバム…P.9
はがき…P.11、マーク…P.14

20 本書の使い方

22 おたよりいろいろ

おたより…P.22、表…P.26、お知らせ…P.28

30 各月のカット＆文例集

4月…P.30、5月…P.36、6月…P.42
7月…P.50、8月…P.56、9月…P.64
10月…P.70、11月…P.78、12月…P.84
1月…P.90、2月…P.96、3月…P.102

109 園の行事カット＆文例集

入園式…P.110、保育参観…P.112
お泊まり保育…P.114、運動会…P.116
身体測定…P.119、作品展・発表会…P.120
卒園式…P.122

125 その他のお役立ちカット

動物…P.126、生活…P.128
食育・健康…P.130、乗り物…P.132
生活習慣…P.134、リアルタッチ…P.136
フォーマル…P.138、メッセージ文字…P.140

141 パソコンで作るカンタンおたより

Windows編　Wordで作る…P.142
　　　　　　Excelで作る…P.149
Macintosh編　Wordで作る…P.152
　　　　　　　Excelで作る…P.159

本書および付属のCD-ROMをお使いになる前に、P.20～21を必ずお読みください。

CD-ROMの構成

付属のCD-ROMには、検索しやすいように本書と同じ分類でデータを収録しています。各分類のフォルダのなかにページごとのフォルダがあり、そのなかに各ページに掲載されているデータが収録されています。

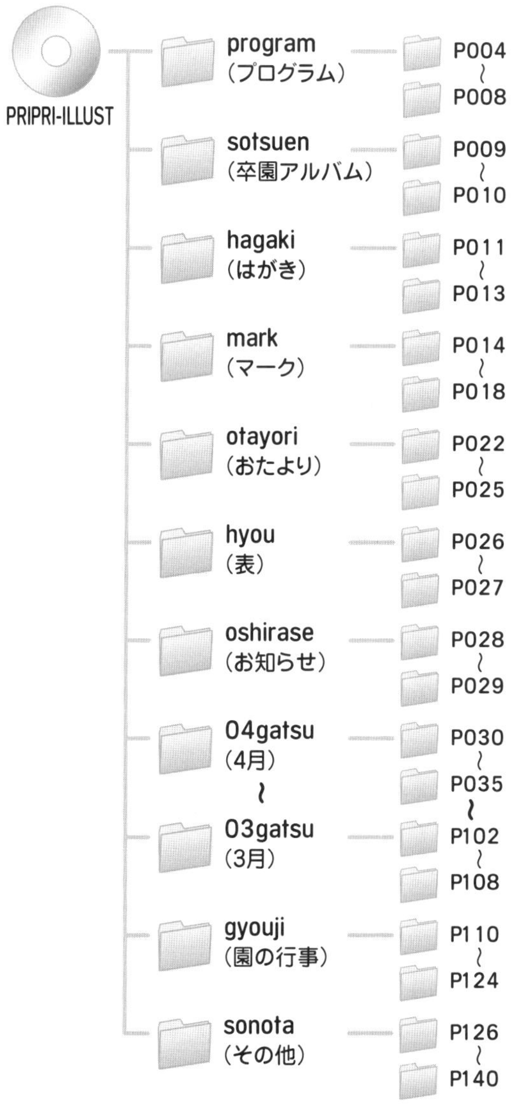

※CD-ROM内のフォルダは数字順、アルファベット順に並んでいますが、ここでは見やすくするために本誌の掲載順に合わせています。

本書の使い方

本書には、保育のなかで役立つカットや文例がたくさん収録されています。各種プログラムやマークなどはカラーのデータで収録されていますので、ちょっと文章を変えるだけですぐに使えます。また、テンプレート（おたよりやお知らせなどのひな形）を使えば、カンタンにすてきなおたよりやお知らせが作れます。

●カンタンおたより作り●

テンプレートを開いてイラストや文章を変えるだけで、オリジナルのおたよりやお知らせを作ることができます。
本書には、季節や行事にぴったりのカットや文例がたくさんありますから、目的に合ったものを選んで使いましょう。

元のファイル

文章を変えましょう！

テンプレートはWordやExcelで作られているため、自由に文章を変えることができます。タイトルや日付、園やクラスの様子、行事などに合わせて変えましょう。

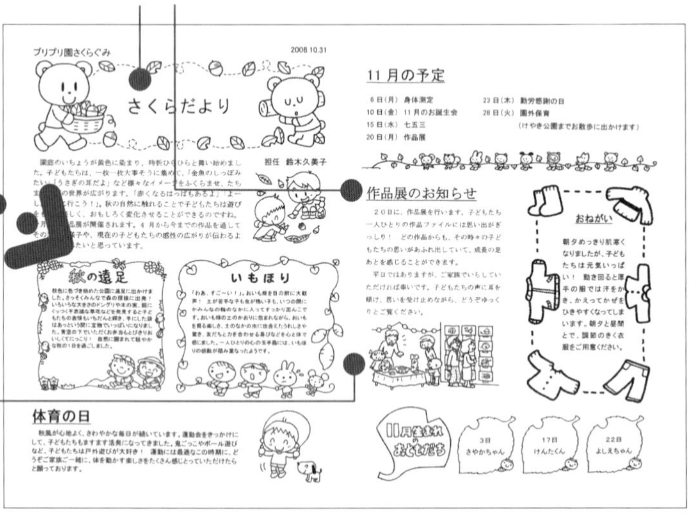

イラストを替えましょう！

季節や行事などに合わせてイラストをかえましょう。いろいろなタッチのイラストがありますから選ぶのが楽しくなります。

イラストや文章の変え方については、P.141以降をご参照ください。

ご使用になる前にお読みください

●動作環境について

■本書に付属のCD-ROMは、下記のOS、Microsoft Officeがインストールされたパソコンでご利用いただけます。
OS:（Windows）Windows XP、Windows Me、Windows 2000
（Macintosh）Mac OS X10.x、Mac OS 9.x、Mac OS 8.x
Microsft Office:
（Windows）Office 2003、Office 2002、Office 2000
（Macintosh）Office 2004、Office X、Office 2001、Office 98

■CD-ROMをご利用いただくには、お使いのパソコンにCD-ROMドライブまたはCD-ROMを読み込めるDVD-ROMドライブが装備されている必要があります。

●CD-ROMに関する使用許諾

■このCD-ROMは、「動作環境」に記したOSが工場出荷時からインストールされているパソコンを対象としています。

■このCD-ROMを使用した結果生じた損害・事故・損失、その他いかなる事態にも、本誌編集部およびCD-ROMに収録されているデータの作者は一切の責任を負いません。

●CD-ROMの取り扱いについて

■付属のCD-ROMは音楽CDではありません。オーディオプレーヤーでは再生しないでください。

■CD-ROMの裏面に汚れや傷をつけるとデータが読み取れなくなります。取り扱いには十分ご注意ください。

■CD-ROMに収録されている画像データについてのサポートは行っておりません。

※Microsft、Windowsは、米国Microsoft Corporationの登録商標です。　※Macintoshは、Apple Computer Inc.の商標です。

●カタログページの見方●

本誌P.4〜18、P.22〜140には、付属のCD-ROMに収録されたデータのカタログを掲載しています。各ページの表記の意味は次のとおりです。

見出し

掲載されているテンプレート、イラスト、文例の種類を表します。フォルダ表示の上には、そのページに掲載されている見出しをまとめて表示しています。

収録されているフォルダ

各ページに掲載されているテンプレート、イラスト、文例が収録されているフォルダを表します。CD-ROM→左側のフォルダ→右側のフォルダの順にダブルクリックしていくと、そのページに掲載されているもののデータを見ることができます。

テンプレート、イラスト、文例

収録されているデータの内容です。お使いのパソコン等の環境によって、カラーイラストの色みやWord・Excelファイルのレイアウトなどが掲載されているものと多少異なる場合があります。

※テンプレートやコラムのデータでは、文章にWindows、Macintoshそれぞれに標準でインストールされているフォントを使用しています。そのため、掲載されているものと実際のデータとで書体が異なります。

ファイル名

掲載されているテンプレート、イラスト、文例のデータのファイル名を表します。Word、ExcelのファイルはWindows用とMacintosh用の2種類があり、Windows用のファイルはデータ名の末尾に「w」が、Macintosh用のファイルはデータ名の末尾に「m」がついています。お使いのパソコンのOSに合ったファイルをご使用ください。

●イラストに関する使用許諾

■本誌掲載のイラストおよび付属のCD-ROMに収録されたWord・Excelデータ、画像データ、テキストデータの著作権・使用許諾権・商標権は、弊社及び著作権者に帰属します。

■本誌掲載のイラストおよび付属のCD-ROMに収録されたデータは、ご購入された個人または法人が、私的な目的で使用する場合のみ、自由にご使用いただけます。

■本誌掲載のイラストおよび付属のCD-ROMに収録されたデータは、営利目的での使用および第三者への譲渡・賃貸・販売・頒布することを禁止します。

●イラストデータについて

■イラストデータは解像度200dpiのJPEG形式の画像ファイルで収録されています。

■イラストデータは200%以上に拡大すると描線にギザギザが目立ってくることがあります。

■カラーイラストは、お使いのプリンタ等の設定によって、本誌掲載物および画面表示と印刷したものとで色みが多少異なる場合があります。

●Word、Excelのファイルについて

■Wordファイル、Excelファイルは、Office 2000（Windows）またはOffice 98（Macintosh）で作成しています。お使いのOSやアプリケーションのバージョンによっては、レイアウト等が崩れる可能性があります。

※その他、記載されている会社名、製品名は、各社の登録商標および商標です。　※本誌では、™、®、©の表示を省略しています。

園だより

Ａ４サイズ（縦）とＢ４サイズ（横）の園だよりです。イラストや文字をかえてお使いいただけます。ここで使用しているイラストは、各月のカット&文例集のページにも含まれています。

プリプリ園　2006.10.1

えんだより

大型台風が過ぎ去りました。葉っぱが吹き飛ばされた街路樹を見上げると、ぬけるような青空が広がって、その中を白い筋雲が駆け抜けていく様子は秋の訪れを感じさせます。
いよいよ運動会が近づきました。年長組は自分たちが練習するだけでなく、初めて参加する年少組の子どもたちの手をとって一緒に並んだり、体操したり、「だいじょうぶ？」「一緒にやってみようか」など、言葉かけも思いやりがあってすてきなお兄さん、お姉さんぶりを見せてくれています。競技の合間に見える子どもたちの成長も、じっくりご覧ください。

今月の予定

○日（×）衣替え
○日（×）いもほり遠足
○日（×）体育の日
○日（×）10 月のお誕生会
○日（×）運動会

今月の目標

●落ち葉遊びや虫とりなど、秋ならではの遊びを楽しむ。
●長距離のお散歩にチャレンジする。

いもほりえんそく

５月にみんなで植えたおいもの苗が成長し、収穫の時期を迎えました。下記の日程で、いもほり遠足を行いますので、ご協力をお願いいたします。

日時　：10 月○日（×）9:30 集合
行き先：園の北にあるおいも畑
持ち物：弁当、水筒、手ふきタオル、敷物、
　　　　ビニール袋（おいもを持ち帰ります）

うんどうかい

今月は、子どもたちが楽しみにしている運動会があります。土曜日に行いますので、ぜひご家族おそろいでお越しください。

日時　:10 月○日（×）8:30～17:00
場所　:○○○園　園庭
※詳細は後日お知らせいたします。

P022-01w　P022-01m

プリプリ園　2006.12.1

えんだより

今年のカレンダーも最後のページになりました。師走に入ると、１日１日があわただしく感じられますが、園では新年を迎える準備として子どもたちと一緒に大掃除をおこないます。ままごと道具を洗ったり、各自の引き出しの中を整理する中で、自分たちの生活の場を大切にする気持ちを育みたいと思っています。２学期のまとめの時期を迎えて、個人面談も行われます。園やご家庭でのお子さんの様子などを話し合い、よりよい園生活につなげていきたいと思います。お忙しい時期ですが、どうぞよろしくお願いいたします。

今月の予定

○日（　）12 月のお誕生会
○日（　）クリスマス会
○日（　）もちつき大会
○日（　）大そうじ
○日（　）終業式

おしらせ

市の児童課主催による「幼児期の子育て」をテーマにした親向けのセミナーが開催されます。「しつけの基本」「ほめ方、叱り方」など、親子関係を深める具体的な内容です。また、個別相談会も開催されますので、子育ての悩みや疑問について心理学や保育の専門家に直接相談することができます。参加ご希望の方は担任へご連絡ください。

今月の目標

●体を動かして元気に遊ぶ。
●手洗い、うがいを必ずして、かぜをひかないように気をつける。

冬休み

「おばあちゃんのお家に行くの！」「みんなでお泊まりに行くんだ！」。子どもたちも、もうすぐ始まる冬休みをとても楽しみにしている様子です。年末年始は、いろいろな人と出会う機会がとても多い時期ですね。ご家族やいろいろな人とのふれあいは、子どもたちの心を大きく成長させてくれることでしょう。３学期には、子どもたちがどんなお話を聞かせてくれるのか、楽しみです。

P022-02w　P022-02m

※Windows用のファイルは末尾に「w」が、Macintosh用のファイルは末尾に「m」がついています。

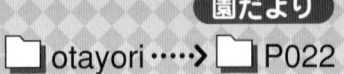

P023-01w
P023-01m

プリプリ園

2006.6.1

園服の白さがまぶしい衣替えの季節を迎えました。子どもたちも園生活に慣れ、梅雨空を吹き飛ばすかのように、朝から元気な声があふれています。好きな遊びを見つけたり、仲よしの友だちを誘って砂場や滑り台で遊ぶ姿も見られるようになり、行動範囲も広がって毎日が冒険です。新しい発見や挑戦をしながら力を蓄えている子どもたちの成長を、安全に留意しながら見守りたいと思っております。今月は日曜日に参観日を設けました。子どもたちの遊びの様子と成長の姿をご覧いただきながら、親子の遊びも楽しんでいただきたいと思います。

今月の予定

○日（×）衣替え
○日（×）虫歯予防デー
（歯科衛生士さんの歯みがき指導）
○日（×）歯科検診
○日（×）避難訓練
○日（×）6月のお誕生生会

○日（×）プラネタリウム見学
（年長・年中組、自然科学館）
○、○日（×、×）
保育参観
○日（×）プール遊びが始まります

今月の目標

●梅雨どきの自然に興味をもち、身近な小動物や草花を見たり触れたりして親しむ。
●ルールを守って、友だちと仲よく遊ぶ。

はをみがきましょう

○日は歯科検診です。園では、食事やおやつのあとにブクブクうがいや歯みがきをしています。虫歯にならないよう、ご家庭でも食べたらすぐに歯を磨く習慣をつけさせたいですね。まずは、お父さんやお母さんと一緒に楽しくみがけるようにし、仕上げは大人がみがいてあげてください。また、虫歯がある場合は早めの治療をお願いします。

保育参観のおしらせ

日時:
乳児・年少…○日（×）
13:00〜15:30
年中・年長…○日（×）
13:00〜15:30
※当日は、親子で楽しむゲームもたくさん企画しています。どうぞ動きやすい服装でお越しください。

おねがい

本日持たせました着替え袋に、夏用の衣服を入れてください。
この機会に、名前がとれていないか、サイズがきつくなっていないかなどご確認いただければ幸いです。

P023-02w
P023-02m

プリプリ園

2006.7.1

梅雨の晴れ間からは、真夏を思わせる太陽が輝いています。気温の上昇とともに、子どもたちの水遊びも日々活発になり、園庭では毎日色水やさんが開店し、「みて！　こんな色！」と、瞳を輝かせながらきれいな色のジュース作りに励んでいます。今月はいよいよプールも始まります。本園では、「水と仲よし」をテーマに水の楽しさ、気持ちよさを体験できるように、各学年目標を持ってプール遊びに取り組みます。この季節は気温が変わりやすいので、体調管理には十分気をつけ、毎日の体温測定と、お子様の体調確認をよろしくお願いいたします。

今月の予定

○日（×）七夕ほしまつり
○日（×）保護者会
○日（×）7月のお誕生会
○日（×）海の日
○日（×）終業式

今月の目標

年少組
水、砂などの感触を楽しんで元気に遊ぶ。

年中組
友だちとのふれあいを楽しみ、自分から進んで活動に取り組む。

年長組
夏の遊びを十分に楽しみ、友だちと協力して活動に取り組む。

保護者会のお知らせ

夏休み前に保護者会を行います。１学期の子どもたちの様子や休み中の過ごし方などについて話し合いたいと思います。水遊び、遠足などのビデオもご覧いただきますので、お忙しいこととは思いますが、ぜひご参加くださいますようお願いいたします。

夏休みの注意

○日から夏休みに入ります。長いお休みでは、生活が不規則になりがちですが、園で身につけた生活習慣が続けられるよう、おうちの方が気をつけてあげてください。また、全国的に痛ましい事故や事件が多発しています。「道路は左右を見てから渡る」「知らない人にはついていかない」など、子どもたちと話し合って、事故やケガのない楽しい夏休みをお過ごしください。

おねがい

持ち物に名前をつけてください。
最近、名前のない落とし物が増えています。消えてしまったものもあるかと思われますので、この機会にご確認ください。

クラスだより

Ａ４サイズ（縦）とＢ４サイズ（横）のクラスだよりです。イラストや文字をかえてお使いいただけます。ここで使用しているイラストは、各月のカット&文例集のページにも含まれています。

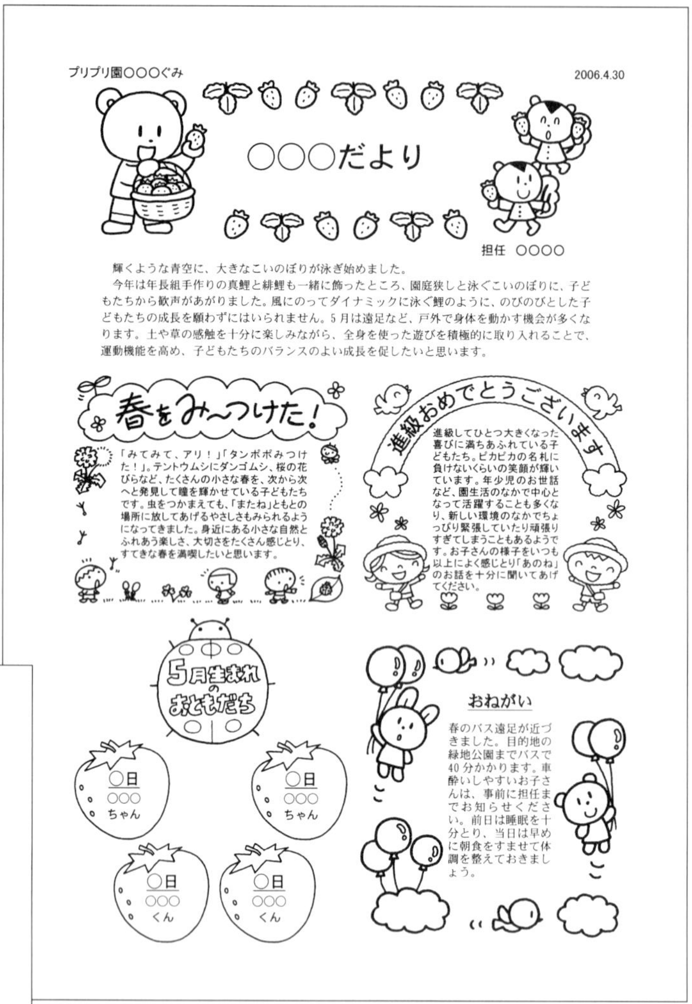
プリプリ園○○○ぐみ
2006.4.30

○○○だより

担任　○○○○

輝くような青空に、大きなこいのぼりが泳ぎ始めました。
今年は年長組手作りの真鯉と緋鯉も一緒に飾ったところ、園庭狭しと泳ぐこいのぼりに、子どもたちから歓声があがりました。風にのってダイナミックに泳ぐ鯉のように、のびのびとした子どもたちの成長を願わずにはいられません。５月は遠足など、戸外で身体を動かす機会が多くなります。土や草の感触を十分に楽しみながら、全身を使った遊びを積極的に取り入れることで、運動機能を高め、子どもたちのバランスのよい成長を促したいと思います。

春をみ〜つけた！

「みてみて、アリ！」「タンポポみつけた！」。テントウムシにダンゴムシ、桜の花びらなど、たくさんの小さな春を、次から次へと発見して瞳を輝かせている子どもたちです。虫をつかまえても、「またね」ともとの場所に放してあげるやさしさもみられるようになってきました。身近にある小さな自然とふれあう楽しさ、大切さをたくさん感じとり、すてきな春を満喫したいと思います。

進級おめでとうございます

進級してひとつ大きくなった喜びに満ちあふれている子どもたち。ピカピカの名札に負けないくらいの笑顔が輝いています。年少児のお世話など、園生活のなかで中心となって活躍することも多くなり、新しい環境のなかでちょっぴり緊張していたり頑張りすぎてしまうこともあるようです。お子さんの様子をいつも以上によく感じとり「あのね」のお話を十分に聞いてあげてください。

5月生まれのおともだち

○日 ○○○ちゃん
○日 ○○○ちゃん
○日 ○○○くん
○日 ○○○くん

おねがい

春のバス遠足が近づきました。目的地の緑地公園までバスで40分かかります。車酔いしやすいお子さんは、事前に担任までお知らせください。前日は睡眠を十分とり、当日は早めに朝食をすませて体調を整えておきましょう。

P024-01w　P024-01m

プリプリ園
2006.8.31

○○○ぐみだより

担任　○○○○

２学期を迎えて、日に焼けた元気いっぱいの子どもたちがそろいました。「新幹線にのったよ」「海で泳いだよ」など、子どもたちは休み中の様子を楽しそうに伝えてくれます。話し方、表情にもしっかりとした成長が感じられ、頼もしく輝いて見えます。２学期は、運動会、遠足、作品展など、いろいろな行事があります。一人ひとりの力を発揮するとともに、皆で力を合わせてやり遂げる喜びも体験できるようにしていきたいと思います。今年もご家族の皆様ご一緒に行事を楽しんでいただけるように計画中です。ご協力よろしくお願いいたします。

水あそび

ホースで大きな水のトンネルをつくると、顔中を笑顔でいっぱいにした子どもたちが、園庭にかけだしてきます。真夏の太陽の下で浴びる水しぶきに、「つめた〜い！」と大はしゃぎ！　何より気持ちのいいひとときです。最初は水に触るのもためらっていた子どもたちも、今ではすっかり水の国の王子さまとお姫さま！　今年も夏ならではの開放感を思う存分楽しみたいと思います。

夏まつり

「キラキラがいい！」「音が鳴るのは？」。いろいろなアイデアを出し合いながら作ったみんなのおみこし。最初は、意見がぶつかり合うこともありましたが、作り進むうちに「○○ちゃんの飾りどうやって作るの？」と、お互いのすてきな点も見つけ出し、力を合わせて作る姿もみられるようになりました。子どもたちの思いがつまったおみこしがいよいよ出発！　どうぞ大きなかけ声で応援してください。

もうすぐ2学期！

この夏休み、子どもたちはどんなことを見聞きし、体験し、心で感じてきたのでしょうか。一人ひとりの心のアルバムにはきっとたくさんの感動があふれていることと思います。この時期は夏の疲れが出やすいので、食事、睡眠など、規則正しい生活リズムを取りもどし、健康に過ごしましょう。

おねがい

今、○○○ぐみの子どもたちは牛乳パックをたくさんつなぎ合わせて、おままごと用のテーブルや家を作っています。そこで、牛乳パック集めにご協力いただくようお願いします。中を洗って乾かした牛乳パックは切り開かずに子どもたちに持たせてください。

9月の予定

○日（×）避難訓練
○日（×）お月見会
○日（×）○○○老人ホーム訪問
（年長・年中ぐみ）
○日（×）9月のお誕生会
○日（×）作品展

9月生まれのおともだち

○日 ○○○ちゃん
○日 ○○○ちゃん
○日 ○○○くん
○日 ○○○くん

P024-02w　P024-02m

※Windows用のファイルは末尾に「w」が、Macintosh用のファイルは末尾に「m」がついています。

P025-01w
P025-01m

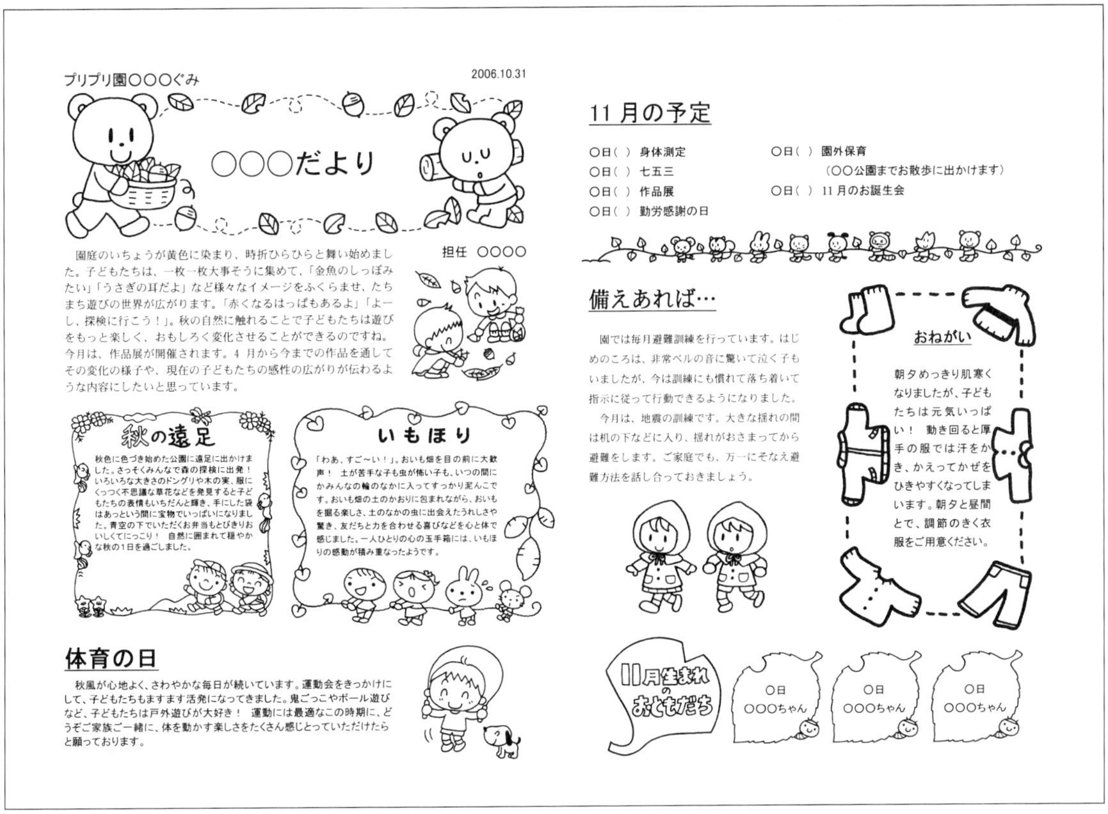
プリプリ園○○○ぐみ
2006.10.31

○○○だより

担任　○○○○

園庭のいちょうが黄色に染まり、時折ひらひらと舞い始めました。子どもたちは、一枚一枚大事そうに集めて、「金魚のしっぽみたい」「うさぎの耳だよ」など様々なイメージをふくらませ、たちまち遊びの世界が広がります。「赤くなるはっぱもあるよ」「よーし、探検に行こう！」。秋の自然に触れることで子どもたちは遊びをもっと楽しく、おもしろく変化させることができるのですね。今月は、作品展が開催されます。4 月から今までの作品を通してその変化の様子や、現在の子どもたちの感性の広がりが伝わるような内容にしたいと思っています。

秋の遠足

秋色に色づき始めた公園に遠足に出かけました。さっそくみんなで森の探検に出発！　いろいろな大きさのドングリや木の実、服にくっつく不思議な草花などを発見すると子どもたちの表情もいちだんと輝き、手にした袋はあっという間に宝物でいっぱいになりました。青空の下でいただくお弁当もとびきりおいしくてにっこり！　自然に囲まれて穏やかな秋の1日を過ごしました。

いもほり

「わあ、すご～い！」。おいも畑を目の前に大歓声！　土が苦手な子も虫が怖い子も、いつの間にかみんなの輪のなかに入ってすっかり泥んこです。おいも畑の土のかおりに包まれながら、おいもを掘る楽しさ、土のなかの虫に出会えたうれしさや驚き、友だちと力を合わせる喜びなどを心と体で感じました。一人ひとりの心の玉手箱には、いもほりの感動が積み重なったようです。

体育の日

秋風が心地よく、さわやかな毎日が続いています。運動会をきっかけにして、子どもたちもますます活発になってきました。鬼ごっこやボール遊びなど、子どもたちは戸外遊びが大好き！　運動には最適なこの時期に、どうぞご家族ご一緒に、体を動かす楽しさをたくさん感じとっていただけたらと願っております。

11 月の予定

○日（ ）身体測定
○日（ ）七五三
○日（ ）作品展
○日（ ）勤労感謝の日
○日（ ）園外保育
（○○公園までお散歩に出かけます）
○日（ ）11 月のお誕生会

備えあれば…

園では毎月避難訓練を行っています。はじめのころは、非常ベルの音に驚いて泣く子もいましたが、今は訓練にも慣れて落ち着いて指示に従って行動できるようになりました。

今月は、地震の訓練です。大きな揺れの間は机の下などに入り、揺れがおさまってから避難をします。ご家庭でも、万一にそなえ避難方法を話し合っておきましょう。

おねがい

朝夕めっきり肌寒くなりましたが、子どもたちは元気いっぱい！　動き回ると厚手の服では汗をかき、かえってかぜをひきやすくなってしまいます。朝夕と昼間とで、調節のきく衣服をご用意ください。

11月生まれのおともだち

○日
○○○ちゃん

○日
○○○ちゃん

○日
○○○ちゃん

P025-02w
P025-02m

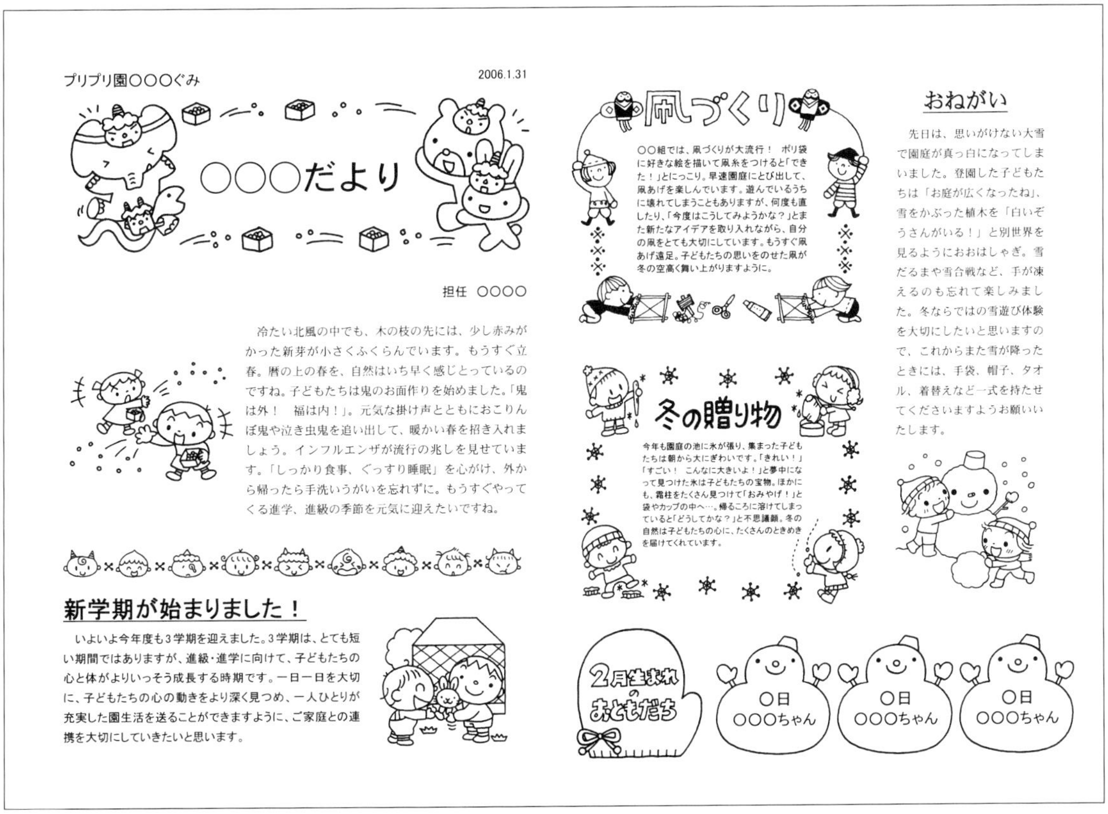
プリプリ園○○○ぐみ
2006.1.31

○○○だより

担任　○○○○

冷たい北風の中でも、木の枝の先には、少し赤みがかった新芽が小さくふくらんでいます。もうすぐ立春。暦の上の春を、自然はいち早く感じとっているのですね。子どもたちは鬼のお面作りを始めました。「鬼は外！　福は内！」。元気な掛け声とともにおこりんぼ鬼や泣き虫鬼を追い出して、暖かい春を招き入れましょう。インフルエンザが流行の兆しを見せています。「しっかり食事、ぐっすり睡眠」を心がけ、外から帰ったら手洗いうがいを忘れずに。もうすぐやってくる進学、進級の季節を元気に迎えたいですね。

新学期が始まりました！

いよいよ今年度も3学期を迎えました。3学期は、とても短い期間ではありますが、進級・進学に向けて、子どもたちの心と体がよりいっそう成長する時期です。一日一日を大切に、子どもたちの心の動きをより深く見つめ、一人ひとりが充実した園生活を送ることができますように、ご家庭との連携を大切にしていきたいと思います。

凧づくり

○○組では、凧づくりが大流行！　ポリ袋に好きな絵を描いて凧糸をつけると「できた！」とにっこり。早速園庭にとび出して、凧あげを楽しんでいます。遊んでいるうちに壊れてしまうこともありますが、何度も直したり、「今度はこうしてみようかな？」とまた新たなアイデアを取り入れながら、自分の凧をとても大切にしています。もうすぐ凧あげ遠足。子どもたちの思いをのせた凧が冬の空高く舞い上がりますように。

冬の贈り物

今年も園庭の池に氷が張り、集まった子どもたちは朝から大にぎわいです。「きれい！」「すごい！　こんなに大きいよ！」と夢中になって見つけた氷は子どもたちの宝物。ほかにも、霜柱をたくさん見つけて「おみやげ！」と袋やカップの中へ…。帰るころに溶けてしまっていると「どうしてかな？」と不思議顔。冬の自然は子どもたちの心に、たくさんのときめきを届けてくれています。

おねがい

先日は、思いがけない大雪で園庭が真っ白になってしまいました。登園した子どもたちは「お庭が広くなったね」、雪をかぶった植木を「白いぞうさんがいる！」と別世界を見るようにおおはしゃぎ。雪だるまや雪合戦など、手が凍えるのも忘れて楽しみました。冬ならではの雪遊び体験を大切にしたいと思いますので、これからまた雪が降ったときには、手袋、帽子、タオル、着替えなど一式を持たせてくださいますようお願いいたします。

2月生まれのおともだち

○日
○○○ちゃん

○日
○○○ちゃん

○日
○○○ちゃん

こんだて表

１か月分と１週間分のこんだて表（Ａ４サイズ）です。月や週に合わせて、日付やイラストを変えてご利用ください。

今週のこんだて

日	こんだて	材料
1（月）	ロールパン　やきそば フルーツのホイップクリームあえ えびしゅうまい ぎゅうにゅう	ロールパン、やきそば、植物油、キャベツ、たまねぎ、にんじん、もやし、干しえび、いか、豚肉、はんぺん、黄桃、みかん、パインアップル、ホイップクリーム、牛乳、えび、グリーンピース、しゅうまいの皮
2（火）		
3（水）		
4（木）		
5（金）		

おねがい

※火曜日と木曜日はごはんの日です。お子さんに米飯をお持たせください。

※○日は給食がありません。お弁当の用意をお願いします。

P026-01w

P026-01m

※Windows用のファイルは末尾に「w」が、Macintosh用のファイルは末尾に「m」がついています。

９月のこんだて

月	火	水	木	金
1日 ハムエッグ　ぎゅうにゅうパン みかんときゅうりのサラダ ビーフシチュー	2日 いわしのかばやき れんこんサラダ かきたまじる　むぎごはん	3日 ししゃものカレーあげ わかめサラダ　みかん ミートソース　ソフトめん	4日 ぶたのしょうがやき　はっさく ほうれんそうのごまあえ なめこのみそしる　むぎごはん	5日 グラタン　コンソメスープ ブロッコリーのあえもの しょくパン　イチゴジャム
8日	9日	10日	11日	12日
15日	16日	17日	18日	19日
22日	23日	24日	25日	26日
29日	30日	31日		

P026-02w　P026-02m

名簿

クラスの名簿です。必要に応じて項目を増やしたり、不要な項目をなくしたりすることもできます。

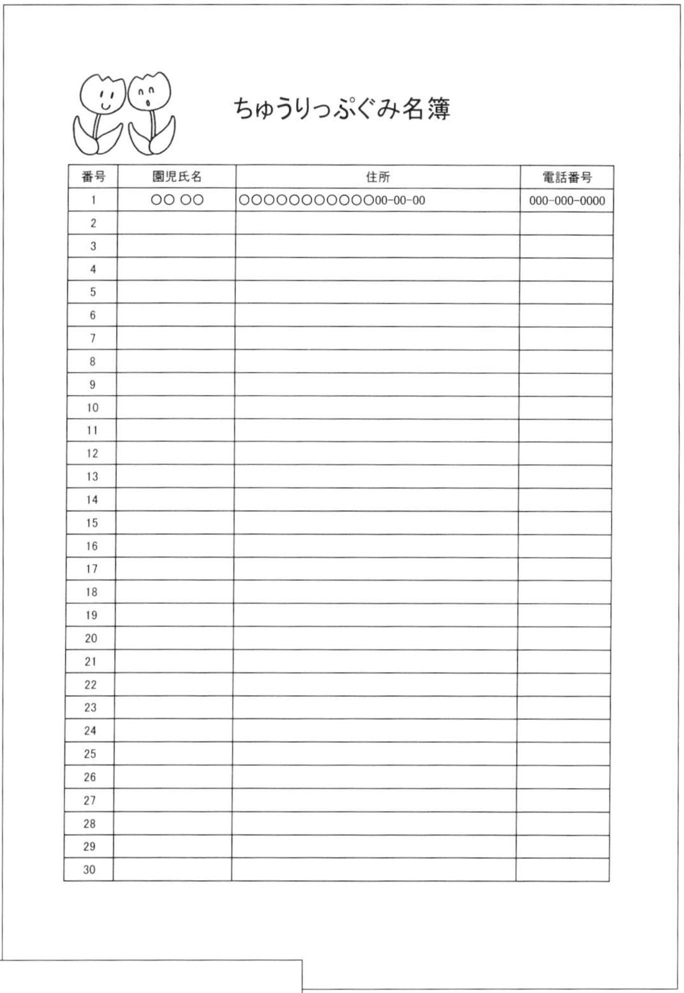

ちゅうりっぷぐみ名簿

番号	園児氏名	住所	電話番号
1	○○ ○○	○○○○○○○○○○○00-00-00	000-000-0000
2			
3			
4			
5			
6			
7			
8			
9			
10			
11			
12			
13			
14			
15			
16			
17			
18			
19			
20			
21			
22			
23			
24			
25			
26			
27			
28			
29			
30			

P027-01w
P027-01m

連絡網

クラスの連絡網です。20人分の名前と電話番号が書き込めます。必要に応じて、枠を増やしたり減らしたりすることもできます。

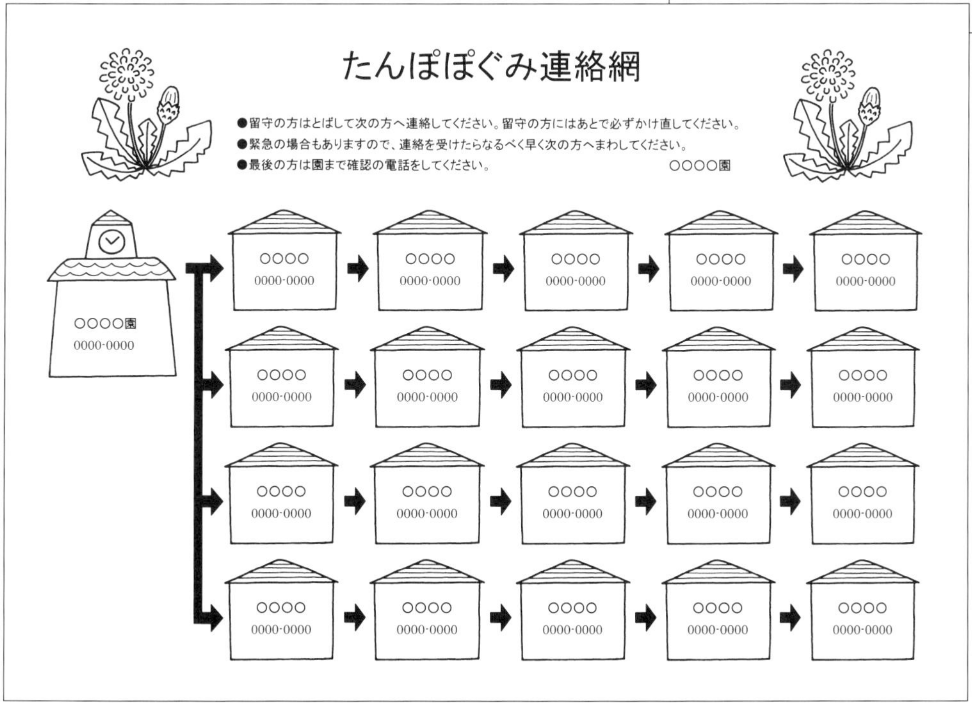
たんぽぽぐみ連絡網
●留守の方はとばして次の方へ連絡してください。留守の方にはあとで必ずかけ直してください。
●緊急の場合もありますので、連絡を受けたらなるべく早く次の方へまわしてください。
●最後の方は園まで確認の電話をしてください。
○○○○園
○○○○園
0000-0000
○○○○
0000-0000

P027-02w　P027-02m

保育参観のお知らせ

保護者の皆様へ　　2006 年○月○日

保育参観のお知らせ

○○○○園

担任　○○○○

新学期が始まって３か月が経ちました。新入園の子どもたちも、今では登園するとすぐに身支度をして自分の好きな遊びを見つけ、遊び始めます。年中、年長児は、友だちとの遊びが活発になり、グループで遊びを相談したり、工夫したりするようになりました。今回の参観では、子どもたちがどんな遊びに興味を持っているか、友だちとのかかわりの様子などじっくりご覧いただきたいと思います。お忙しいとは存じますが、ぜひお越しください。

日時：年少ぐみ　○月○日（　）9:00～11:00

年中ぐみ　○月○日（　）9:00～11:00

年長ぐみ　○月○日（　）9:00～11:30

※当日は、参観時に一緒に連れてくるのではなく、通常通り登園させてください。参観時に連れてこられますと保育が中断してしまいます。ご協力お願いいたします。

※年少ぐみは午前中で保育が終了します。お子さんと一緒にお帰りください。

※年長・年中ぐみは、保育参観終了後も引き続き保育があります。

P028-01w　P028-01m

プールが始まります

保護者の皆様へ　　2006 年○○月○○日

プールが始まります

○○○○園

青空に真っ白な入道雲がムクムク広がって、真夏の太陽が輝き始めました。いよいよプール遊びの季節到来です。本園では、安全で楽しい水遊びをめざして、水に触れる気持ちよさ、楽しさを体験し、水に親しむことを目指しています。みんなと一緒に活動することで、一人では体験できない水の面白さを発見したり、水への興味を広げてほしいと願っています。楽しい水遊びで体力をつけ、暑さに負けず元気に夏を過ごしましょう。

準備していただくもの

- 水着
- 水泳帽
- タオル２枚
- ビニールのバッグ（濡れた水着などを入れます）

プールがある日のご注意

・毎朝、体温をはかってプールに入るかどうかの可否をプール票にご記入ください。

・伝染する病気（水いぼ、とびひ、目や耳の疾患など）にかかった場合は、医師の治療済み証明をもらってください。

・水着、帽子、タオル、着替えは毎日持たせてください。

・お子さんの体調がすぐれない場合は、無理せず見学とし、またプールに入った日は疲れを残さないよう早く寝るなど、体調管理に気をつけましょう。

P028-02w　P028-02m

※Windows用のファイルは末尾に「w」が、Macintosh用のファイルは末尾に「m」がついています。

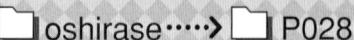

お泊まり保育のお知らせ

保護者の皆様へ

2006年○月×日

お泊まり保育

のお知らせ

○○○○園

にぎやかなセミの声に負けないくらい、毎日元気いっぱいの子どもたちです。
今年も年長児を対象としたお泊まり保育を実施いたします。ご家庭を離れて先生や友だちと一緒に過ごすことは、子どもたちにとって新しい体験です。友だちと協力しあうなかで、今まで気づかなかった力や新しい一面を発見し、新たな絆が生まれます。夏ならでは、園ならではの活動を大切にし、子どもたちの成長を見守りたいと思います。

日時　：　○月○日(　)～○日(　)

持ち物　：　水着、タオル、歯ブラシ、下着上下、パジャマ、2日目の着替え

日程　：

○日		○日	
08:30	登園	06:00	起床、排泄
12:00	昼食	06:30	朝の体操
13:00	お昼寝	07:00	朝食
14:30	起床、排泄	08:00	降園 （お迎えをお願いします）
15:00	スイカ割り		
16:00	プール遊び		
17:30	カレー作り		
18:30	夕食		
19:30	花火大会		
20:30	シャワー、排泄		
21:00	就寝		

※お泊まり保育の２日間、子どもたちの様子を写真に撮って当園のホームページに掲載します。ぜひご覧ください。

期間中連絡先

○○○○園　000-0000-0000

P029-01w　P029-01m

遠足のお知らせ

保護者の皆様へ

2006年○○月○○日

遠足のお知らせ

○○○○園

緑の木々もいつの間にか赤や黄色に変わり、秋が駆け足でやって来ているようです。目的地のケヤキ公園には、しいの実、くぬぎの実などかわいい帽子をかぶった木の実が落ち始めました。秋ならではの自然に触れてたくさんの発見をしてきたいと思います。

遠足のお知らせ
日時：○月○日(　)
集合場所：○○○園、園庭
目的地：○○○山×××公園
持ち物：リュックサック、お弁当、水筒、
ビニールシート、タオル、手ふきタオル、雨具
服装：体操服上下、赤白帽子、運動靴、天候により防寒具
当日、緊急の連絡先
○○○○先生
090-0000-0000

日程

晴れの場合

08:30　集合
09:00　クラスごとにバスに乗り、出発
10:00　×××公園到着
14:00　×××公園出発
15:00　○○○○園到着、解散
各自お迎えをお願いします。

雨の場合

○日に延期。通常保育があります。
天候が不安定でわかりにくい場合は、連絡網でお知らせします。

P029-02w　P029-02m

進級

P030-01

P030-02

P030-03

P030-04

P030-05

P030-06

P030-07

P030-08

P030-09

P030-10

P030-11

P030-12

P030-13

子ども

P031-01

P031-02

P031-03

P031-04

P031-05

P031-06

P031-07

P031-08

P031-09

P031-10

P031-11

P031-12

誕生日

HAPPY BIRTHDAY!

P031-13

P031-14

P031-15

P031-16

4月

赤ちゃん

P032-01

P032-02

P032-03

P032-04

P032-05

P032-06

P032-07

P032-08

P032-09

P032-10

P032-11

P032-12

P032-13

P032-14

P032-15

しぜん

P033-01

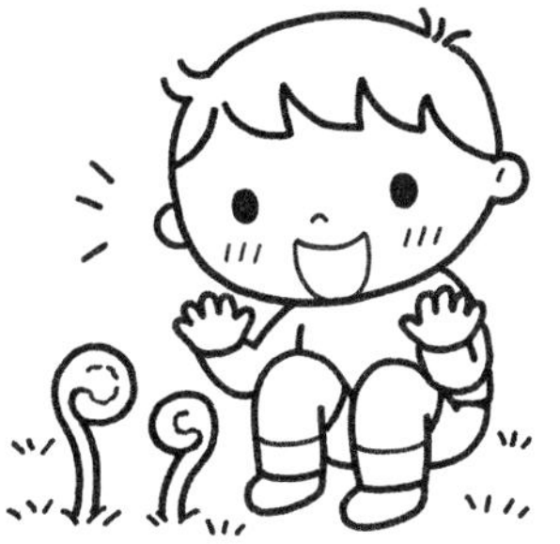

P033-02

P033-03

P033-04

P033-05

P033-06

P033-07

P033-08

タイトル文字

始業式

P033-09

進級おめでとうございます

P033-10

4月生まれのおともだち

P033-11

進級おめでとう

P033-12

おたんじょう会

P033-13

おたんじょう会

P033-14

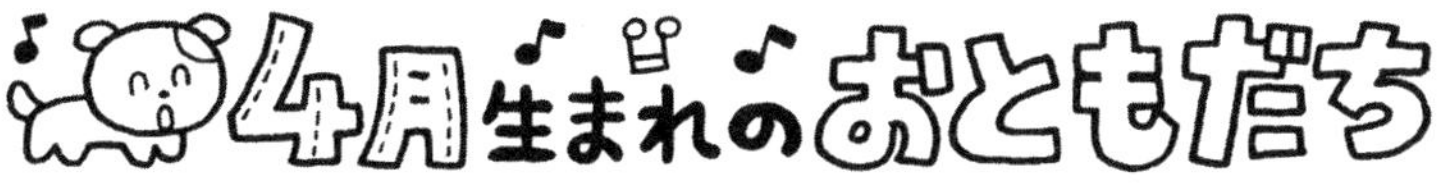
4月生まれのおともだち

P033-15

保護者会

P033-16

4月

飾り枠＆罫

P034-01

P034-02

P034-12

P034-13

P034-03

P034-04

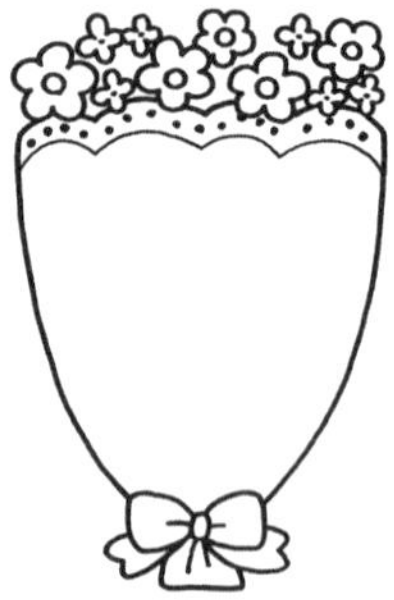

P034-05

P034-06

P034-07

P034-08

P034-09

P034-10

P034-11

P034-14

P034-15

コラム

※Windows用のファイルは末尾に「w」が、Macintosh用のファイルは末尾に「m」がついています。

入園～はじめの一歩～
「ママがいい！」「いつおうちに帰るの？」。泣く子、カバンを離さない子、園庭に飛び出す子、好きな遊びを見つけた子などなど、いろいろな表情を見せている子どもたちです。入園から2週間。手遊びや絵本など、みんなで集まる楽しさも少しずつ感じ始めているようです。生まれて初めての園生活への"はじめの一歩"はさまざまですが、これからも、一人ひとりの歩みを大切に見守っていきたいと思います。

P035-01w　P035-01m

進級♡ひとつ大きくなりました
「おはようございます！」。ピカピカの名札をつけた子どもたちの元気なあいさつで、○○組がスタートしました。新しい仲間との出会いにも大喜び！　一人ひとりのりりしい表情も心強く感じます。小さなお友だちへもさりげなく自然にお世話しています。ひとつ大きくなった喜びが体中からあふれ出している子どもたちの、笑顔がとてもうれしい毎日です。

P035-02w　P035-02m

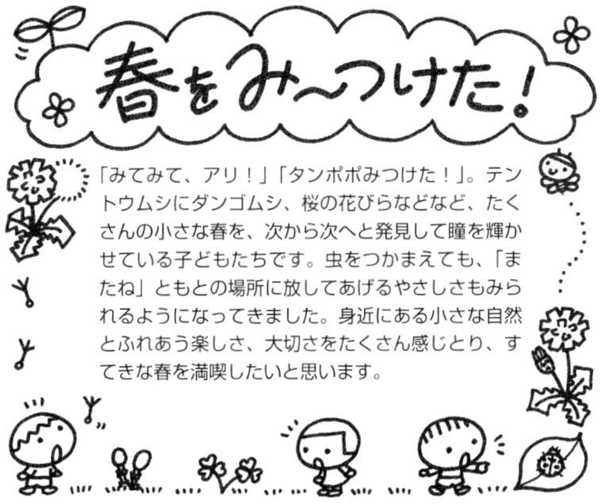
春をみ～つけた！
「みてみて、アリ！」「タンポポみつけた！」。テントウムシにダンゴムシ、桜の花びらなどなど、たくさんの小さな春を、次から次へと発見して瞳を輝かせている子どもたちです。虫をつかまえても、「またね」ともとの場所に放してあげるやさしさもみられるようになってきました。身近にある小さな自然とふれあう楽しさ、大切さをたくさん感じとり、すてきな春を満喫したいと思います。

P035-03w　P035-03m

進級おめでとうございます
進級して、ひとつ大きくなった喜びに満ちあふれている子どもたち。ピカピカの名札に負けないくらいの笑顔が輝いています。年少児のお世話など、園生活のなかで中心となって活躍することも多くなり、新しい環境のなかでちょっぴり緊張していたり頑張りすぎてしまったりしていることもあるようです。お子さんの様子をいつも以上によく感じとり「あのね」のお話を十分に聞いてあげてください。

P035-04w　P035-04m

書き出し文例

P035-05　進　級

新しい仲間との出会いにドキドキ！　みんなでたくさん遊ぼうね。子どもたちの夢が春の空いっぱいに広がります。

P035-06　進　級

「どうしたの？」。泣いている小さなお友だちの涙をそっとふいてあげる子どもたち。頼もしさがキラリと光ります。

P035-07　懇談会

今年度初めての懇談会。新たな出会いに期待で胸がいっぱいです。おうちの方々とお話しできることを楽しみにお待ちしています。

P035-08　幼　児

「何が見つかるかな？」。みんなで電車になって園探検に出発！　笑顔がいっぱい。お友だちや先生を見～つけた！

P035-09　幼　児

タンポポ、ダンゴムシの隠れ家、アリの巣も大発見！　春の園庭でワクワク心を弾ませている子どもたちです。

P035-10　乳　児

ご家庭とは違う何もかもが初めての環境のなか、子どもたち一人ひとりの育ちを、あたたかく見守っていきたいと思います。

P035-11　乳　児

お日さまのにおいのするお布団でお昼寝タイム。お日さまの温もりは、ママのように子どもたちをやさしく包みこみます。

P035-12　出席ノート

新しいクラスにちょっぴり緊張気味だった○○くん。気の合うお友だちができて、表情もやわらいできました。

P035-13　おたより

ご入園・ご進級おめでとうございます。
満開の桜の花のような、晴れやかな子どもたちの笑顔あふれる新年度の始まりです。初めて園生活を始める子どもたちにとっては、さまざまな期待や不安もあることでしょう。園の先生方は、子どもたちの気持ちをしっかりと受け止め、一緒に考えたり行動したりしながら、子どもたちが力を十分発揮できるように保育を進めてまいります。子どもたちにとって、毎日の園生活が楽しく充実したものになるように、職員全員が力を合わせて子どもたちの成長を見守っていきたいと思っておりますので、各ご家庭のご理解とご協力をお願い申し上げます。

こどもの日　母の日
📁 05gatsu ┈┈> 📁 P036

こどもの日

P036-01

P036-02

P036-03

P036-04

P036-05

P036-06

P036-07

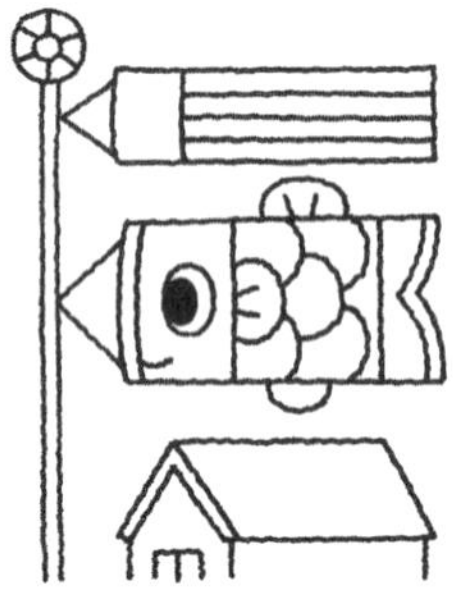

P036-08

母の日

P036-09

P036-10

P036-11

P036-12

P036-13

P036-14

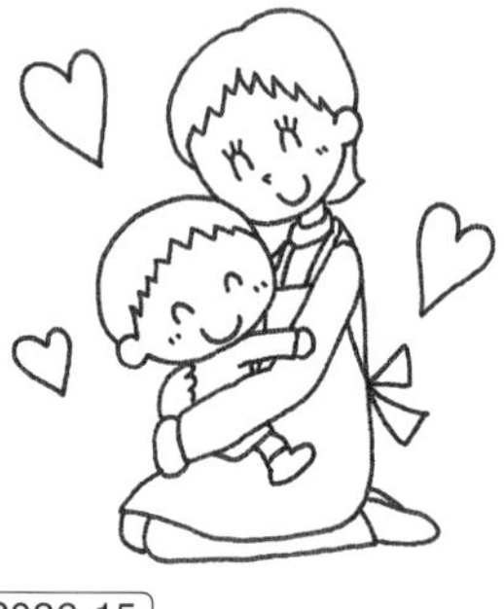

P036-15

P036-16

春の遠足

P037-01

P037-02

P037-03

P037-04

P037-05

P037-06

P037-07

P037-08

P037-09

P037-10

P037-11

P037-12

誕生日

P037-13

P037-14

P037-15

P037-16

子ども

P038-01

P038-02

P038-03

P038-04

P038-05

P038-06

P038-07

P038-08

赤ちゃん

P038-09

P038-10

P038-11

P038-12

P038-13

P038-14

P038-15

P038-16

しぜん

P039-01

P039-02

P039-03

P039-04

P039-05

P039-06

P039-07

P039-08

タイトル文字

おたんじょう会

P039-12

5月生まれのおともだち

P039-09

お母さんありがとう

P039-13

身体測定

P039-10

こどもの日

P039-14

えんそく

P039-11

春の遠足

P039-15

母の日

P039-16

飾り枠＆罫

えんだより

P040-01

5月生まれ
の
おともだち

P040-02

お弁当
月　　日よりお弁当が始まります

P040-03

P040-04

こどもの日

P040-05

P040-06

お母さんありがとう

P040-07

P040-08

P040-09

P040-10

P040-11

P040-12

P040-13

P040-14

P040-15

コラム

※Windows用のファイルは末尾に「w」が、Macintosh用のファイルは末尾に「m」がついています。

こどもの日
「空で泳ぐこいのぼりを作りたい！」という子どもたちの願いをこめて、みんなで大きなこいのぼりを作りました。○○組初めての共同製作！　できあがった大きなこいのぼりをあげてみると見事に風に乗り、青空で元気に泳ぎ始めました。子どもたちの大きな夢を乗せたこいのぼりのように、一人ひとりの心と体が健やかに成長しますように…。

P041-01w　P041-01m

母の日
「ママはね、笑ったときすごくかわいいの！」「お買い物に一緒に行くのが楽しみ！」。大好きなお母さんの話はつきることがありません。そんなお母さんを思いながらのプレゼント作りでは、一人ひとりの真剣な表情がとても印象的でした。「喜んでくれるかな？」。プレゼントを手渡す日を思い、子どもたちもドキドキ！　どうぞギュ～ッと抱きしめてあげてくださいね。

P041-02w　P041-02m

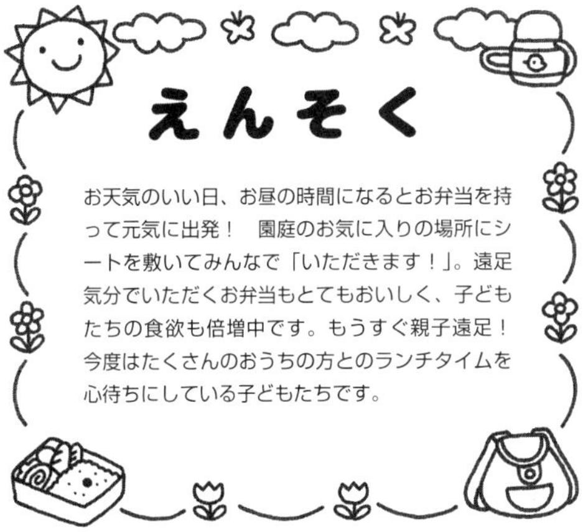
えんそく
お天気のいい日、お昼の時間になるとお弁当を持って元気に出発！　園庭のお気に入りの場所にシートを敷いてみんなで「いただきます！」。遠足気分でいただくお弁当もとてもおいしく、子どもたちの食欲も倍増中です。もうすぐ親子遠足！　今度はたくさんのおうちの方とのランチタイムを心待ちにしている子どもたちです。

P041-03w　P041-03m

書き出し文例

P041-04　こどもの日

できあがったこいのぼりを風になびかせて大喜び！　子どもたち一人ひとりの思いや工夫があふれるこいのぼりが、元気に泳ぎ始めました。

P041-05　母の日

いつもやさしいママがだ～いすき！　プレゼントはね…？　ナ・イ・ショ！　当日までどうぞお楽しみに♪

P041-06　春の遠足

「晴れますように！」。子どもたちの願いが空に届いた親子遠足。ご家族同士が和やかにふれあう楽しいひとときになりました。

P041-07　幼　児

園庭の池でオタマジャクシが生まれました。「足が出てきた！」「かわいいね」。池の周りは今日も大にぎわいです。

P041-08　幼　児

みんなで"ジャブジャブ"お洗濯ごっこ。色とりどりの小さなハンカチが初夏のさわやかな風に揺れています。

P041-09　乳　児

まねっこ大好き！　つかまり立ちも始まりました。子どもたちの目覚ましい成長ぶりに驚かされる毎日です。

P041-10　乳　児

お楽しみのお散歩に出発！　見るものや聞くもの、出会う人、すべてが子どもたちをやさしく出迎えてくれています。

P041-11　出席ノート

「ほらみて！」。そっと握った手の中にはテントウムシとダンゴムシ。小さな春の自然に大喜びの○○くんです。

P041-12　おたより

輝くような青空に、大きなこいのぼりが泳ぎ始めました。
今年は年長組手作りの真鯉と緋鯉も一緒に飾ったところ、園庭狭しと泳ぐこいのぼりに、子どもたちから歓声があがりました。風にのってダイナミックに泳ぐ鯉のように、のびのびとした子どもたちの成長を願わずにはいられません。5月は遠足など、戸外で体を動かす機会が多くなります。土や草の感触を十分に楽しみながら、全身を使った遊びを積極的に取り入れることで、運動機能を高め、子どもたちのバランスのよい成長を促したいと思います。

梅雨

P042-01

P042-02

P042-03

P042-04

P042-05

P042-06

P042-07

P042-08

P042-09

P042-10

P042-11

P042-12

P042-13

P042-14

P042-15

6月

衣替え

P043-01

P043-02

P043-03

P043-04

P043-05

P043-06

着替えを
お願いします
P043-07

名前をつけましょう
P043-08

虫歯予防

P043-09

P043-10

P043-11

P043-12

P043-13

P043-14

P043-15

P043-16

父の日

P044-01

P044-02

P044-03

P044-04

P044-05

P044-06

P044-07

P044-08

P044-09

P044-10

P044-11

時の記念日

P044-12

P044-13

P044-14

P044-15

子ども

P045-01

P045-02

P045-03

P045-04

P045-05

P045-06

P045-07

P045-08

P045-09

P045-10

P045-11

P045-12

誕生日

P045-13

P045-14

P045-15

P045-16

赤ちゃん

P046-01

P046-02

P046-03

P046-04

P046-05

P046-06

P046-07

P046-08

P046-09

P046-10

P046-11

P046-12

P046-13

P046-14

P046-15

P046-16

しぜん

P047-01

P047-02

P047-03

P047-04

P047-05

P047-06

P047-07

P047-08

タイトル文字

梅雨
P047-09

父の日
P047-10

衣がえ
P047-11

はをみがきましょう
P047-12

歯科検診
P047-13

おたんじょうび
おめでとう
P047-14

6月生まれのおともだち
P047-15

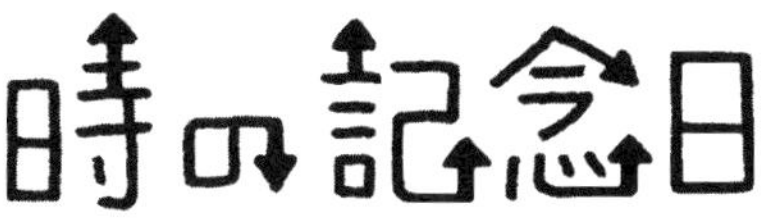
時の記念日
P047-16

飾り枠&罫

えんだより

P048-01

6月生まれのおともだち

P048-02

歯科検診のおしらせ

P048-03

P048-04

P048-05

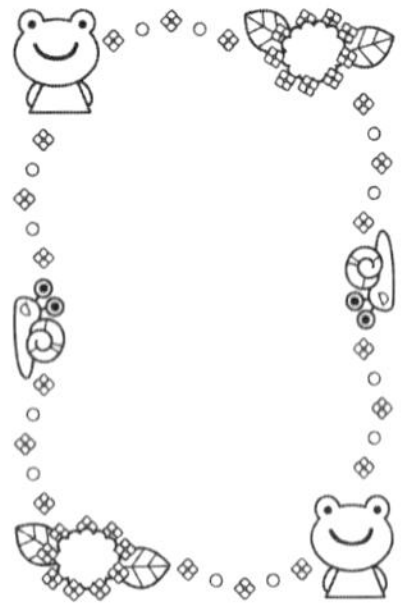

P048-06

衣がえ

P048-07

P048-08

P048-09

P048-10

P048-11

P048-12

P048-13

P048-14

P048-15

コラム

※Windows用のファイルは末尾に「w」が、Macintosh用のファイルは末尾に「m」がついています。

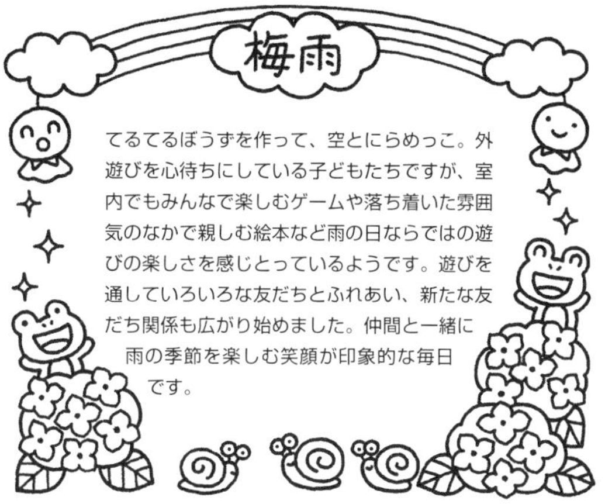
梅雨
てるてるぼうずを作って、空とにらめっこ。外遊びを心待ちにしている子どもたちですが、室内でもみんなで楽しむゲームや落ち着いた雰囲気のなかで親しむ絵本など雨の日ならではの遊びの楽しさを感じとっているようです。遊びを通していろいろな友だちとふれあい、新たな友だち関係も広がり始めました。仲間と一緒に雨の季節を楽しむ笑顔が印象的な毎日です。

P049-01w　P049-01m

父の日
「パパとね、公園で遊んだよ！」「パパのたかいたかいはお空に届いちゃいそうなの！」。大好きなお父さんの話をする子どもたちの笑顔はいつも幸せいっぱい！　お父さんとたくさん遊んだり、お話ししたりすることは大きくなっても心に残る宝物ですね。これからも、子どもたちの心の宝箱にお父さんとのすてきなふれあいが積み重なっていきますように…。

P049-02w　P049-02m

虫歯予防
「みてみて、ピカピカ！」。食後のブクブクうがいや歯みがきの習慣が少しずつ身につき始めた子どもたち。「お口のなかが気持ちいいね」と満足そうな表情をみせてくれています。健康な歯と歯ぐきはいつまでも持ち続けたいものですね。子どもたちが自分の体を大事にしようとしている気持ちを十分に受けとめ、大切に育んでいきたいと思います。

P049-03w　P049-03m

衣替え
初夏の日ざしが日ごとにまぶしくなり、外から帰ってくる子どもたちも泥んこで汗びっしょり！　ますます活発になってきました。6月1日は衣替え。園に置いてある着替えも夏用のものに取り替えたいと思います。この機会に、衣服や持ち物の記名が取れていないかどうか、サイズが小さくなっていないかどうかなども確認しておきたいですね。

P049-04w　P049-04m

書き出し文例

P049-05　父の日

「パパ大好き！」。いつもやさしいお父さんは子どもたちに大人気！　これからもたくさん遊んでくださいね。

P049-06　虫歯予防

「きれいになったでしょう？」と鏡の前でにっこり！　食後のブクブクうがいや歯みがきの習慣が身につき始めました。

P049-07　時の記念日

腕時計作りに夢中の子どもたち。世界にひとつしかないオリジナル時計から、一人ひとりの思いがあふれだしています。

P049-08　幼　児

長靴が大のお気に入り！　水たまりもジャンプ、ジャンプ！　たくさん跳び越えられるようになりました。

P049-09　幼　児

「入れて！」「いいよ！」。そんなうれしい会話が聞かれるようになりました。子どもたちの明るい声に雨雲も吹き飛んでいきそうです。

P049-10　乳　児

穏やかに降る雨の音はやさしい子守歌。スヤスヤ眠る子どもたちを見守るように、今日も静かに降り続いています。

P049-11　乳　児

のんびり歩くカタツムリは子どもたちと大の仲よし！　雨の日もゆっくり遊べる大切な友だちです。

P049-12　出席ノート

「またね」。園庭でみつけたカタツムリを、元の場所に放してくれた○○くん。そっと微笑んだ横顔に大きなやさしさを感じました。

P049-13　おたより

園服の白さがまぶしい衣替えの季節を迎えました。子どもたちも園生活に慣れ、梅雨空を吹き飛ばすかのように、朝から元気な声があふれています。好きな遊びを見つけたり、仲よしの友だちを誘って砂場や滑り台で遊ぶ姿も見られるようになり、行動範囲も広がって毎日が冒険です。新しい発見や挑戦をしながら力を蓄えている子どもたちの成長を、安全に留意しながら見守りたいと思っております。今月は日曜日に参観日を設けました。子どもたちの遊びの様子と成長の姿をご覧いただきながら、親子の遊びも楽しんでいただきたいと思います。

プール

P050-01

P050-02

P050-03

P050-04

P050-05

P050-06

P050-07

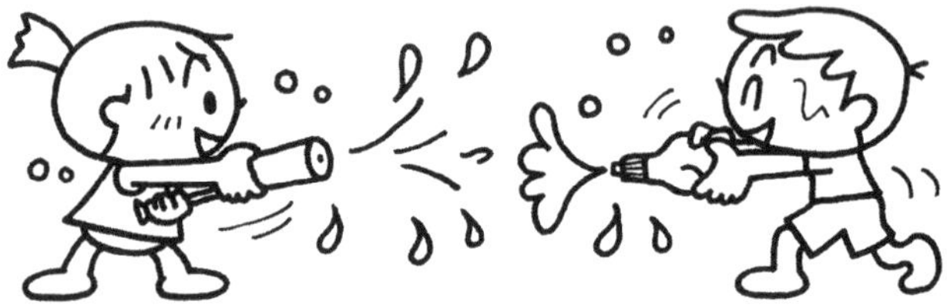

P050-08

P050-09

P050-10

P050-11

P050-12

P050-13

七夕

P051-01

P051-02

P051-03

P051-04

P051-05

P051-06

P051-07

夏休み

P051-08

P051-09

P051-10

P051-11

P051-12

P051-13

P051-14

P051-15

子ども 誕生日 赤ちゃん
07gatsu ····> P052

7月

子ども

P052-01

P052-02

P052-03

P052-04

P052-05

P052-06

誕生日

P052-07

P052-08

赤ちゃん

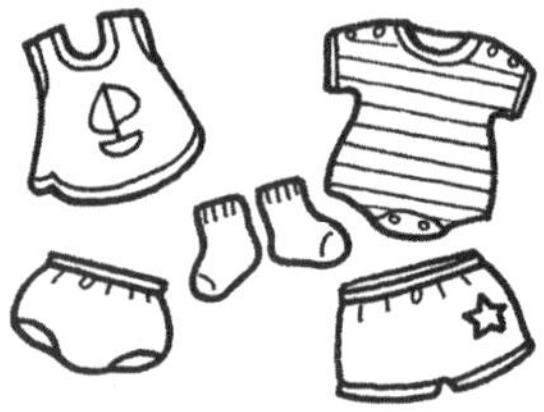

P052-09

P052-10

P052-11

P052-12

P052-13

P052-14

P052-15

しぜん

P053-01

P053-02

P053-03

P053-04

P053-05

P053-06

P053-07

P053-08

タイトル文字

たなばた

P053-09

プールが始まります

P053-12

水あそび

P053-13

終業式

P053-14

個人面談

P053-10

おたんじょうび おめでとう

P053-15

なつやすみ

P053-11

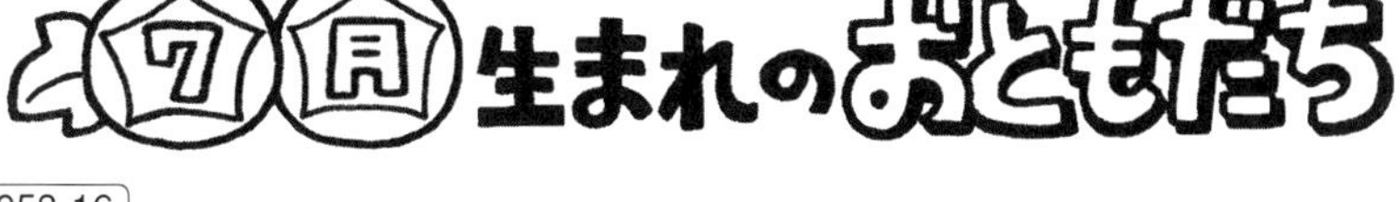
7月生まれのおともだち

P053-16

飾り枠＆罫

P054-01

P054-02

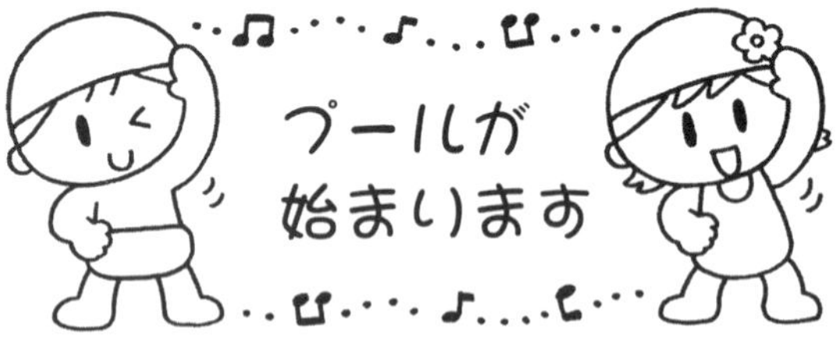

P054-03

P054-04

P054-05

P054-06

P054-07

P054-08

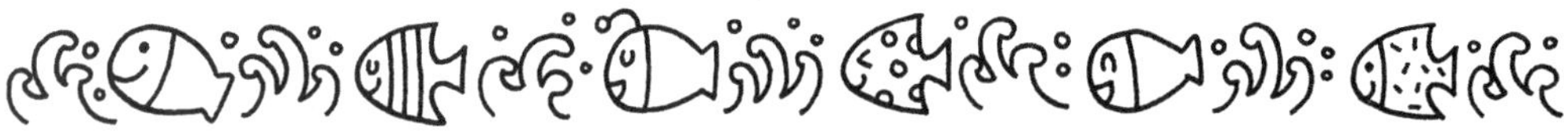

P054-09

P054-10

P054-11

P054-12

P054-13

P054-14

P054-15

コラム

※Windows用のファイルは末尾に「w」が、Macintosh用のファイルは末尾に「m」がついています。

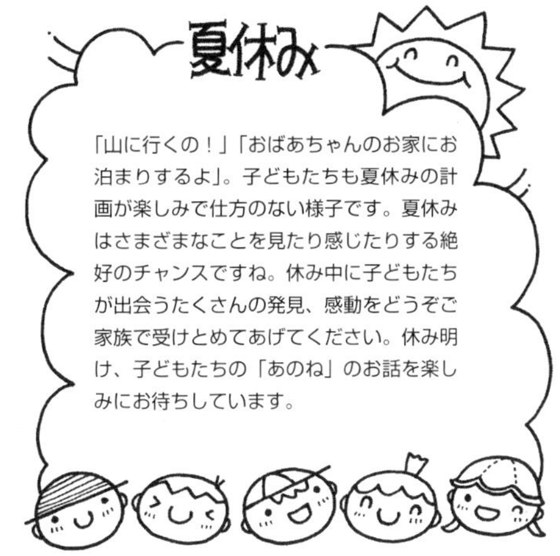
夏休み
「山に行くの！」「おばあちゃんのお家にお泊まりするよ」。子どもたちも夏休みの計画が楽しみで仕方のない様子です。夏休みはさまざまなことを見たり感じたりする絶好のチャンスですね。休み中に子どもたちが出会うたくさんの発見、感動をどうぞご家族で受けとめてあげてください。休み明け、子どもたちの「あのね」のお話を楽しみにお待ちしています。

P055-01w　P055-01m

プール
お日さまがまぶしい日は、子どもたちも朝からソワソワ。水着に着替えるとますますパワーアップ！　元気にプールで遊び始めます。最初は顔に水がかかると驚いていた子も、少しずつ水に慣れ、今ではすっかり水と仲よし。キラキラ笑顔が輝いています。これからの暑い季節、安全面に十分に配慮しながら、水とふれ合う楽しさをたくさん味わっていきたいと思います。

P055-02w　P055-02m

夏野菜の収穫
ミニトマト、ピーマン、キュウリ、ナス、子どもたちが大切に育ててきた野菜の苗が大きく生長しました。みんなで収穫して、パーティのはじまり、はじまり！　野菜が苦手だった子も「おいしいね」とにっこり！　みんなで育てた野菜には、苦手なものも大好きなものに変えてしまう不思議な魔法がかかっているようです。

P055-03w　P055-03m

七夕
「みてみてこんなのできちゃった！」。大きな笹を目の前に、七夕飾り作りに夢中の子どもたち。ハサミや糊の扱い方に自信をもったり、根気強くたくさんの紙をつなげたり…。イメージを広げながら作り出す喜びを、心と体で感じとっているようです。子どもたちの夢や思いがあふれ出している七夕飾り。七夕の夜には、天の川のようにキラキラと輝くことでしょう。

P055-04w　P055-04m

書き出し文例

P055-05　七　夕
♪笹の葉さ〜らさら〜。子どもたちの歌声が園内に響くなか、みんなで作った笹飾りが涼しそうに揺れています。

P055-06　夏休み
「海に行くの！」「キャンプに行くよ」。もうすぐ始まる夏休みには子どもたちの夢や希望がぎっしり！　すてきな毎日になりそうですね。

P055-07　夏休み
「早寝早起き！」。みんなで夏休みの約束をしました。規則正しい生活リズムを大切に、ご家族で楽しくお過ごしください。

P055-08　プール
みんなでつくる「流れるプール」がお気に入り！　「おさかなになったみたい！」とプールでのんびり水の流れを楽しんでいます。

P055-09　幼　児
シャボン玉遊びが大人気！　いろいろな大きさのシャボン玉作りにチャレンジ！　夏の空いっぱいにシャボン玉が揺れています。

P055-10　乳　児
初めてのプール遊び！　顔に水がかかると泣き出してしまう子も…。無理をせずにゆっくり水と仲よしになりましょうね。

P055-11　乳　児
真夏の太陽が顔を出し、着ている服もすぐに汗びっしょり！　沐浴とこまめな着替えで快適な夏を過ごしたいと思います。

P055-12　出席ノート
勇気を出してパクリ！　「甘くておいしい」。苦手だったトマトが食べられるようになって大喜びの○○ちゃんです。

P055-13　おたより
梅雨の晴れ間からは、真夏を思わせる太陽が輝いています。気温の上昇とともに、子どもたちの水遊びも日々活発になり、園庭では毎日色水やさんが開店し、「みて！　こんな色！」と、瞳を輝かせながらきれいな色のジュース作りに励んでいます。今月はいよいよプールも始まります。本園では、「水と仲よし」をテーマに水の楽しさ、気持ちよさを体験できるように、各学年目標を持ってプール遊びに取り組みます。この季節は気温が変わりやすいので、毎日の体温測定と、お子様の体調確認をよろしくお願いいたします。

8月のカット＆文例集

夏まつり　夏の生活
08gatsu ····> P056

夏まつり

P056-01

P056-02

P056-03

P056-04

P056-05

P056-06

P056-07

夏の生活

P056-08

P056-09

P056-10

P056-11

冷たいものの
食べすぎに注意！

P056-12

P056-13

P056-14

夏期保育

P057-01

P057-02

P057-03

P057-04

P057-05

P057-06

P057-07

P057-08

P057-09

P057-10

P057-11

P057-12

P057-13

夏休み

P058-01

P058-02

P058-03

P058-04

8月

P058-05

P058-06

P058-07

P058-08

P058-09

P058-10

P058-11

P058-12

P058-13

P058-14

P058-15

子ども

P059-01

P059-02

P059-03

P059-04

P059-05

P059-06

P059-07

P059-08

P059-09

P059-10

P059-11

誕生日

P059-12

P059-13

P059-14

赤ちゃん

P060-01

P060-02

P060-03

P060-04

P060-05

P060-06

P060-07

P060-08

P060-09

P060-10

P060-11

P060-12

P060-13

P060-14

P060-15

しぜん

P061-01

P061-02

P061-03

P061-04

P061-05

P061-06

P061-07

P061-08

タイトル文字

夏休み

P061-09

夏期保育

P061-10

夏まつり

P061-11

夕涼み会

P061-12

もうすぐ2学期

P061-13

盆踊り

P061-14

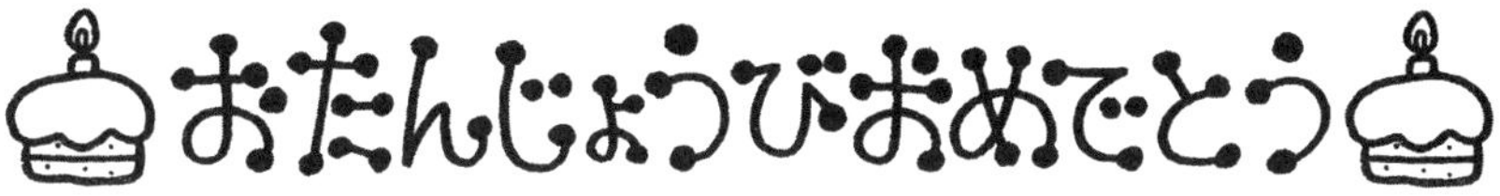
おたんじょうびおめでとう

P061-15

8月
生まれの
おともだち

P061-16

飾り枠&罫

えんだより

P062-01

8月生まれ
の
おともだち

P062-02

ぐみだより

P062-03

P062-04

P062-05

P062-06

P062-07

P062-08

P062-09

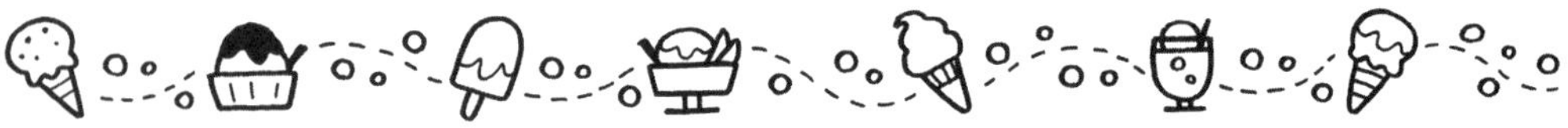

P062-10

P062-11

P062-12

P062-13

P062-14

P062-15

コラム

※Windows用のファイルは末尾に「w」が、Macintosh用のファイルは末尾に「m」がついています。

夏期保育

「こんなに背が高かったかしら？」「こんなに表情が豊かだったかしら？」。久しぶりに会う子どもたちをみるたびに、大きな成長ぶりを改めて感じている毎日です。保育室は「あのね！」のお話でいっぱい！　一人ひとりの夏の思い出を大切に受けとめながら、水遊びや虫とりなどなど、園でも夏の遊びを思いきり楽しみたいと思います。

P063-01w　P063-01m

夏休みのやくそく

「知らない人についていかない！」「アイスは1日1個ね」「お家のお手伝いもする！」。夏休みの約束について話し合うと、子どもたちからたくさんの意見がとび出しました。自分たちで相談して決めた夏休みの約束が、子どもたちの心のなかで響き続け、休み明けには全員が笑顔で再会できますように！　どうぞすてきな夏休みをお過ごしください。

P063-02w　P063-02m

暑さ対策

子どもたちは遊びの天才！　毎日の暑さをものともせず、夢中になって遊んでいます。園でも、適切な水分補給と木陰や涼しい部屋での休息を心がけていますが、夏場は予想以上に体力を消耗しています。ご家庭に戻ったあとも、十分な栄養とたっぷりの睡眠がとれるようご配慮いただき、子どもたちが生き生きと夏の生活を楽しめるようにしたいですね。

P063-03w　P063-03m

夏まつり

「キラキラがいい！」「音が鳴るのは？」。いろいろなアイデアを出し合いながら作ったみんなのおみこし。最初は、意見がぶつかり合うこともありましたが、作り進むうちに「○○ちゃんの飾りどうやって作るの？」と、お互いのすてきな点も見つけ出し、力を合わせて作る姿もみられるようになりました。子どもたちの思いがつまったおみこしがいよいよ出発！　どうぞ大きなかけ声で応援してください。

P063-04w　P063-04m

書き出し文例

P063-05　夏の健康

「おいしい！」。木陰で麦茶を飲んでほっとひと休み。暑い夏も、適度な水分と休息をとってますます元気な子どもたちです。

P063-06　夏まつり

「わっしょい！　わっしょい！」。おみこしを担ぐ子どもたちの元気な掛け声が、夏の空高く響き渡りました。

P063-07　夏期保育

セミとりや水遊び、クラスの仲間と一緒だともっともっとおもしろいね！　友だちとの会話も増えて、ますます仲よしです。

P063-08　幼児

○○組のお化け屋敷はとっても本格的！　今度ぜひいらしてください。かわいいお化けに変身した子どもたちが首をなが～くして!?　待っています。

P063-09　幼児

「もぐれるよ！」「泳げるようになったの！」。もうすっかり水と友だち。自信に満ちた子どもたちの成長ぶりに驚かされる毎日です。

P063-10　乳児

うちわで風を送ると気持ちよさそうに目を細める子どもたち。手をとめると「パタパタは？」とかわいいおねだりが始まります。

P063-11　乳児

大きい組のスイカ割りをみんなで応援！　甘いスイカのおすそ分けににっこり。おいしくて楽しいひとときを過ごしました。

P063-12　出席ノート

幼虫から育ててきたカブトムシを大切にしている○○くん。小さな生き物と向き合うやさしさを大切に育みたいですね。

P063-13　おたより

園庭のひまわりがぐんぐん背を伸ばし、いつの間にか子どもたちを追いこして、見事な花を咲かせました。その花のエネルギーを吸収するかのように、子どもたちは30度を越す暑さの中でも元気いっぱいです。今月は、お泊まり保育や、夕涼み会など、夏ならではの行事があります。皆で布団敷きをしたり、夕食の準備をしたり、花火大会をするなど、初めての体験は子どもたちにとって楽しい夏の思い出になるとともに、子ども同士のつながりを一層深めてくれるものと思います。子どもたちが夏に蓄えた力が、秋になってどのように発揮されるか楽しみです。

9月のカット & 文例集

防災の日　お月見会
09gatsu ……> P064

防災の日

P064-01
P064-02
P064-03
P064-04
P064-05
P064-06
P064-07
P064-08

お月見会

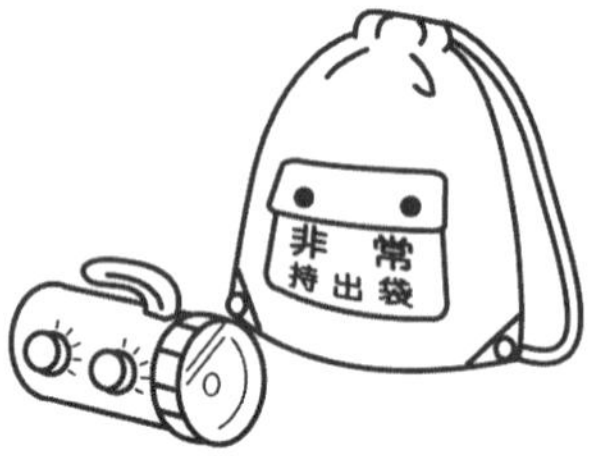

P064-09
P064-10
P064-11
P064-12
P064-13
P064-14
P064-15
P064-16

敬老の日

P065-01

P065-02

P065-03

P065-04

P065-05

P065-06

P065-07

P065-08

P065-09

P065-10

P065-11

P065-12

誕生日

P065-13

P065-14

P065-15

子ども

P066-01

P066-02

P066-03

P066-04

P066-05

P066-06

P066-07

P066-08

赤ちゃん

P066-09

P066-10

P066-11

P066-12

P066-13

P066-14

P066-15

しぜん

P067-01

P067-02

P067-03

P067-04

P067-05

P067-06

P067-07

P067-08

タイトル文字

防災の日
P067-12

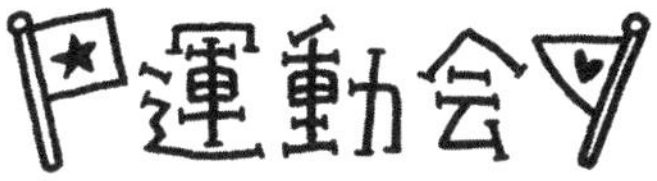
運動会
P067-09

避難訓練
P067-13

お月見会
P067-14

うんどうかい
P067-10

おたんじょう会
P067-15

敬老の日
P067-11

9月生まれのおともだち
P067-16

飾り枠＆罫

P068-01

P068-02

P068-03

P068-04

P068-05

P068-06

P068-07

P068-08

P068-09

P068-10

P068-11

P068-12

P068-13

P068-14

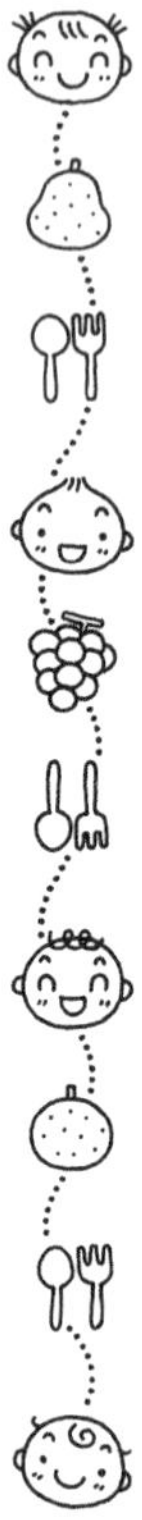

P068-15

コラム

※Windows用のファイルは末尾に「w」が、Macintosh用のファイルは末尾に「m」がついています。

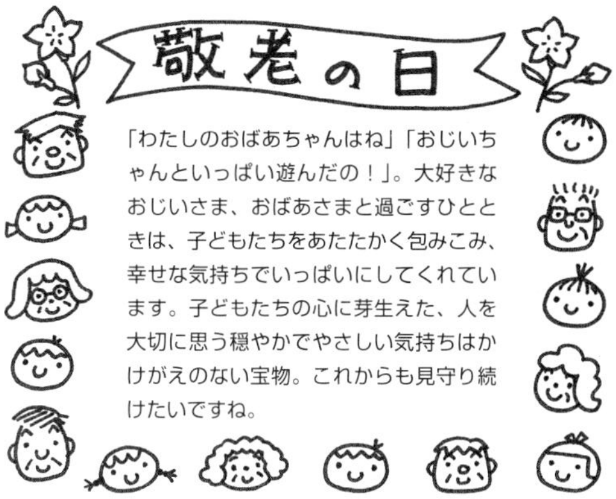
敬老の日
「わたしのおばあちゃんはね」「おじいちゃんといっぱい遊んだの！」。大好きなおじいさま、おばあさまと過ごすひとときは、子どもたちをあたたかく包みこみ、幸せな気持ちでいっぱいにしてくれています。子どもたちの心に芽生えた、人を大切に思う穏やかでやさしい気持ちはかけがえのない宝物。これからも見守り続けたいですね。

P069-01w　P069-01m

防災の日
「地震がきたらどうする？」。そんな問いかけに子どもたちの表情も真剣そのものです。テレビなどで見る地震や自然災害の大変な状況を、子どもたちなりに感じとっているようです。いざというとき、子どもたちも私たち保育者も落ち着いて行動できるように、日頃から安全面に十分配慮し、ご家庭との連携を大切にしていきたいと思います。

P069-02w　P069-02m

お月見会
おだんご作り名人の子どもたちは、お月見会でも実力発揮！　たくさん準備したおだんご生地もあっという間に丸めて「もっと作ろう！」とにっこり。できあがったおだんごと、すすきを飾ってのお月見会。お待ちかねのおだんごも子どもたちの愛情でふんわりやわらか！　おいしくて楽しい秋の１日を過ごしました。

P069-03w　P069-03m

♪虫とともだち♪
コオロギやスズムシの鳴き声に、秋の訪れを感じるようになってきました。今までダンゴムシやアリ、カブトムシなど、たくさんの虫たちとのふれあいを楽しんできました。さまざまな虫たちとの出会いは、子どもたちの心のなかで、生命を大切にする気持ちをそっと育んでくれています。虫が大好きな子もちょっぴり苦手な子も、小さな生き物を見つめるやわらかなまなざしが印象的な毎日です。

P069-04w　P069-04m

書き出し文例

P069-05　防災の日

防災頭巾をかぶって避難訓練。ちょっぴりドキドキしたけれどあわてないで安全に避難することができました。

P069-06　敬老の日

大好きなおじいさま、おばあさまとのふれあいは、子どもたちの心にやさしい温もりを運んでくれます。

P069-07　お月見会

コロコロみんなでおだんご作り！　「やわらかくておいしいね！」。子どもたちの目も満月のようにま～るくなりました。

P069-08　幼　児

元気な声と笑顔がクラスに戻ってきました。２学期もますますにぎやかな毎日になりそうで、とても楽しみです。

P069-09　幼　児

「♪リ～ン、リ～ン」。虫たちが奏でるやさしいメロディに子どもたちの気持ちも秋色に染まってきたようです。

P069-10　乳　児

夏の間にすっかりたくましくなった子どもたち。行動範囲もますます広がり、毎日が冒険！　今日もいいことみ～つけた！

P069-11　乳　児

お気に入りの曲が流れると、おしりフリフリ、心ワクワク！　かわいいダンスタイムのはじまり、はじまり～！

P069-12　出席ノート

「おじいちゃんは釣り名人！」。○○くんが描いた大きな魚の絵から、おじいさまとのすてきなふれあいが伝わってきます。

P069-13　おたより

2学期を迎えて、日に焼けた元気いっぱいの子どもたちがそろいました。「新幹線にのったよ」「海で泳いだよ」など、子どもたちは休み中の様子を楽しそうに伝えてくれます。話し方、表情にも、しっかりとした成長が感じられ、頼もしく輝いて見えます。2学期は、運動会や遠足、作品展など、いろいろな行事があります。一人ひとりの力を発揮するとともに、皆で力を合わせてやり遂げる喜びも体験できるようにしていきたいと思います。今年もご家族の皆様ご一緒に楽しんでいただけるように計画中です。ご協力よろしくお願いいたします。

秋の遠足

P070-01

P070-02

P070-03

P070-04

P070-05

P070-06

P070-07

P070-08

P070-09

P070-10

P070-11

P070-12

P070-13

P070-14

いもほり

P071-01

P071-02

P071-03

P071-04

P071-05

P071-06

P071-07

P071-08

P071-09

P071-10

P071-11

ハロウィン

P071-12

P071-13

P071-14

お店やさんごっこ

P072-01

P072-02

P072-03

P072-04

P072-05

P072-06

P072-07

P072-08

P072-09

P072-10

P072-11

誕生日

P072-12

P072-13

P072-14

衣替え

P073-01

P073-02

P073-03

P073-04

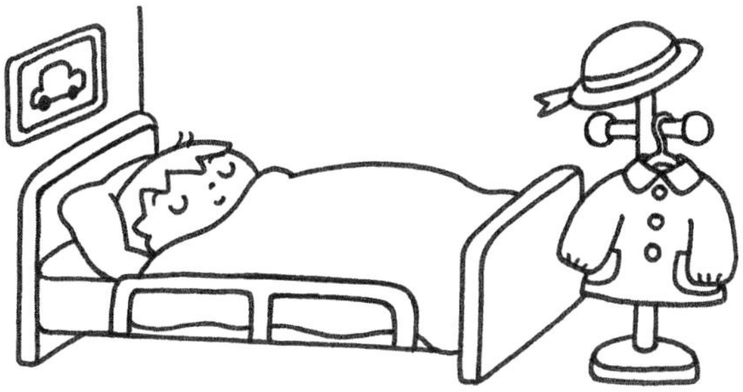
P073-05

P073-06

P073-07

子ども

P073-08

P073-09

P073-10

P073-11

P073-12

P073-13

P073-14

P073-15

赤ちゃん

P074-01

P074-02

P074-03

P074-04

P074-05

P074-06

P074-07

P074-08

P074-09

P074-10

P074-11

P074-12

P074-13

P074-14

P074-15

しぜん

P075-01

P075-02

P075-03

P075-04

P075-05

P075-06

P075-07

P075-08

タイトル文字

お店やさんごっこ
P075-12

えんそく
P075-09

衣がえ
P075-13

体育の日
P075-14

いもほりえんそく
P075-10

おたんじょう会
P075-15

ハロウィン
P075-11

10月生まれのおともだち
P075-16

飾り枠＆罫

P076-01

P076-02

P076-03

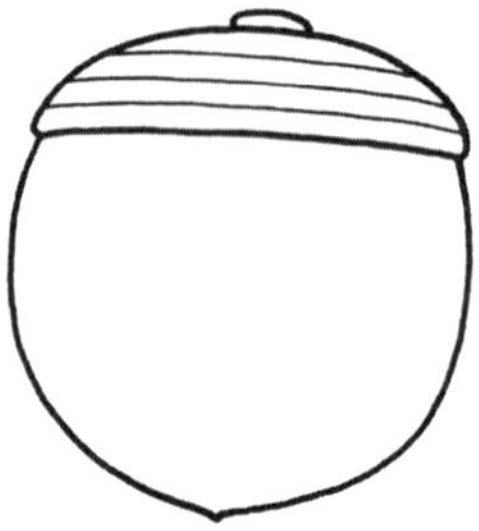

P076-04

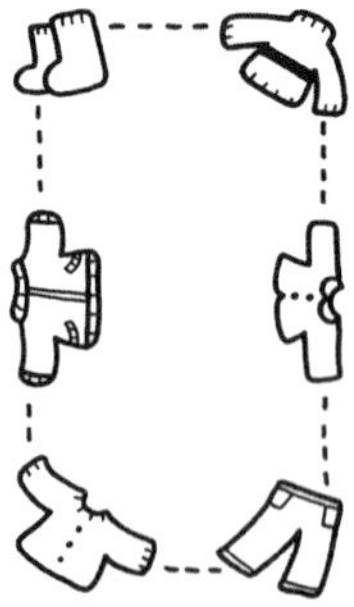

P076-05

P076-06

P076-07

P076-08

P076-09

P076-10

P076-11

P076-12

P076-13

P076-14

P076-15

コラム

※Windows用のファイルは末尾に「w」が、Macintosh用のファイルは末尾に「m」がついています。

秋の遠足
秋色に色づき始めた公園に遠足に出かけました。さっそくみんなで森の探検に出発！いろいろな大きさのドングリや木の実、服にくっつく不思議な草花などを発見すると子どもたちの表情もいちだんと輝き、手にした袋はあっという間に宝物でいっぱいになりました。青空の下でいただくお弁当もとびきりおいしくてにっこり！　自然に囲まれて、穏やかな秋の１日を過ごしました。

P077-01w　P077-01m

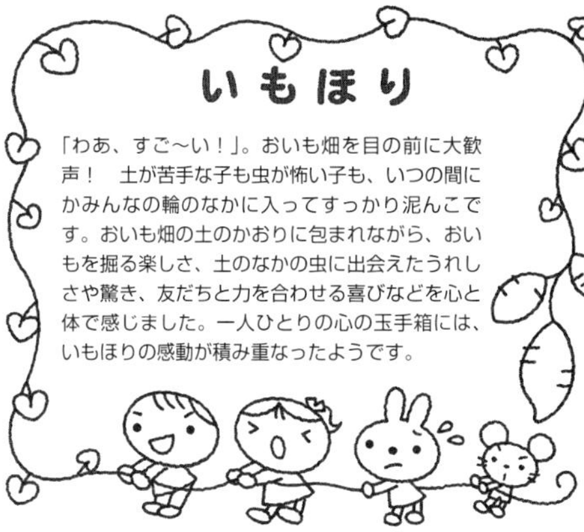
いもほり
「わあ、すご～い！」。おいも畑を目の前に大歓声！　土が苦手な子も虫が怖い子も、いつの間にかみんなの輪のなかに入ってすっかり泥んこです。おいも畑の土のかおりに包まれながら、おいもを掘る楽しさ、土のなかの虫に出会えたうれしさや驚き、友だちと力を合わせる喜びなどを心と体で感じました。一人ひとりの心の玉手箱には、いもほりの感動が積み重なったようです。

P077-02w　P077-02m

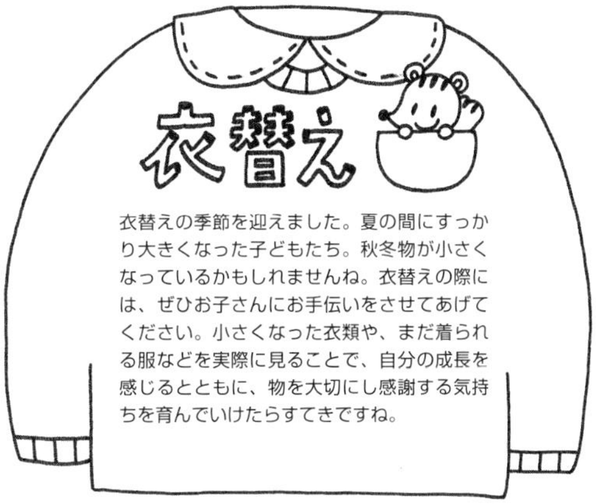
衣替え
衣替えの季節を迎えました。夏の間にすっかり大きくなった子どもたち。秋冬物が小さくなっているかもしれませんね。衣替えの際には、ぜひお子さんにお手伝いをさせてあげてください。小さくなった衣類や、まだ着られる服などを実際に見ることで、自分の成長を感じるとともに、物を大切にし感謝する気持ちを育んでいけたらすてきですね。

P077-03w　P077-03m

体育の日
秋風が心地よく、さわやかな毎日が続いています。運動会をきっかけにして、子どもたちもますます活発になってきました。鬼ごっこやボール遊びなど、子どもたちは戸外遊びが大好き！　運動には最適なこの時期に、どうぞご家族ご一緒に、体を動かす楽しさをたくさん感じとっていただけたらと願っております。

P077-04w　P077-04m

書き出し文例

P077-05　**秋の遠足**

みんなで手をつないで野原をお散歩！　ドングリやマツボックリ、秋風に揺れる草花が子どもたちをやさしく出迎えてくれました。

P077-06　**いもほり**

みんなで力を合わせて「よいしょ」。大きなおいもが顔を出してびっくり！　おいも畑に明るい笑い声が響きました。

P077-07　**衣替え**

朝晩はめっきり涼しくなりましたが、日中はまだまだ汗ばむこともあります。調節しやすい衣服をご用意ください。

P077-08　**幼　児**

子どもたちは本が大好き！　おもしろいお話や不思議なお話、時には悲しいお話に子どもたちの瞳が輝きます。

P077-09　**幼　児**

「どんなお店かな？」。初めてのお店やさんごっこにドキドキしたけれど、「いらっしゃい！」の声にひと安心。今日は何を買おうかな？

P077-10　**乳　児**

食欲旺盛な子どもたち。「自分で食べてみたい！」という気持ちを大切にしながら、のんびりと食欲の秋を楽しんでいます。

P077-11　**乳　児**

「みんなといると楽しいね！」。お友だちを見つけるとハイハイで元気いっぱいの追いかけっこが始まります。

P077-12　**出席ノート**

ちょっぴり照れ屋の○○くんもお店やさんごっこでは大活躍！　いろいろな友だちとのふれあいに自信がついたようです。

P077-13　**おたより**

大型台風が過ぎ去りました。葉っぱが吹き飛ばされた街路樹を見上げると、ぬけるような青空が広がって、その中を白い筋雲が駆け抜けていく様子は秋の訪れを感じさせます。
いよいよ運動会が近づきました。年長組は自分たちが練習するだけでなく、初めて参加する年少組の子どもたちの手をとって一緒に並んだり、体操したり、「だいじょうぶ？」「一緒にやってみようか」など、言葉かけも思いやりがあってすてきなお兄さん、お姉さんぶりを見せてくれています。競技の合間に見える子どもたちの成長も、じっくりご覧ください。

11月のカット＆文例集

かぜ予防

P078-01

P078-02

P078-03

P078-04

P078-05

P078-06

P078-07

P078-08

勤労感謝の日

P078-09

P078-10

P078-11

P078-12

P078-13

P078-14

P078-15

七五三

P079-01

P079-02

P079-03

P079-04

P079-05

P079-06

P079-07

子ども

P079-08

P079-09

P079-10

P079-11

P079-12

P079-13

誕生日

P079-14

P079-15

赤ちゃん

P080-01

P080-02

P080-03

P080-04

P080-05

P080-06

P080-07

P080-08

P080-09

P080-10

P080-11

P080-12

P080-13

P080-14

P080-15

しぜん

P081-01

P081-02

P081-03

P081-04

P081-05

P081-06

P081-07

P081-08

タイトル文字

さくひんてん

P081-12

はっぴょうかい

P081-09

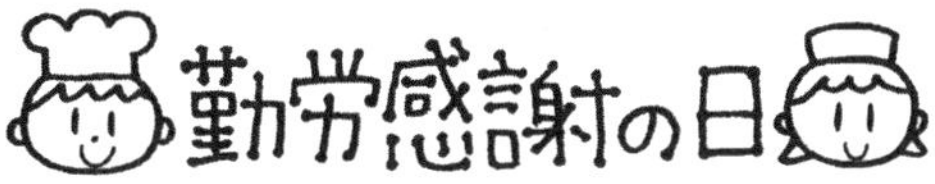
勤労感謝の日

P081-13

七五三

P081-14

発表会

P081-10

おたんじょう会

P081-15

音楽会

P081-11

11月生まれのおともだち

P081-16

飾り枠&罫

P082-01

P082-02

P082-12

P082-13

P082-03

P082-04

P082-05

P082-06

P082-07

P082-08

P082-09

P082-10

P082-11

P082-14

P082-15

コラム

※Windows用のファイルは末尾に「w」が、Macintosh用のファイルは末尾に「m」がついています。

勤労感謝の日
もうすぐ勤労感謝の日です。子どもたちも、自分の周りにはさまざまな仕事があることに興味をもち始めています。「いつもありがとう！」。いちばん身近なお父さま、お母さまに感謝の気持ちをこめて絵を描きました。どうぞご家庭でも、お父さま、お母さまのお仕事についてお話をしてあげてください。また、お子さんがお家の手伝いなども体験できるといいですね。

P083-01w P083-01m

七五三
「大きくなあれ！」。園でも七五三の由来を話して、お祝いのお菓子を入れる袋を作りました。袋を作りながら、好きなことやしてみたいことなど、子どもたちが思い描いている夢を聞くことができました。一人ひとりの幸せいっぱいの表情に、これからも子どもたちの心と体が健やかに成長しますようにと願っています。

P083-02w P083-02m

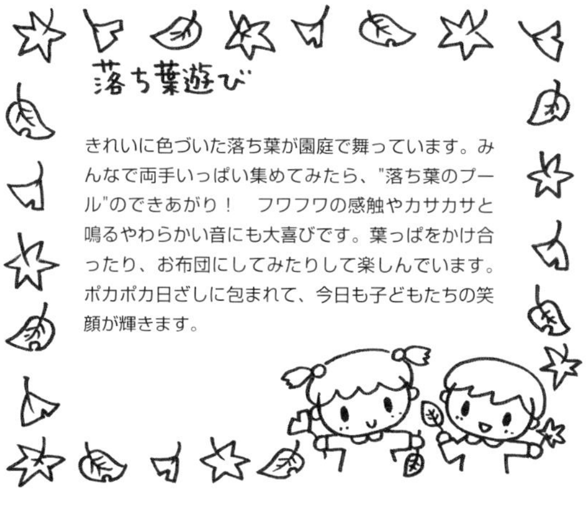
落ち葉遊び
きれいに色づいた落ち葉が園庭で舞っています。みんなで両手いっぱい集めてみたら、"落ち葉のプール"のできあがり！　フワフワの感触やカサカサと鳴るやわらかい音にも大喜びです。葉っぱをかけ合ったり、お布団にしてみたりして楽しんでいます。ポカポカ日ざしに包まれて、今日も子どもたちの笑顔が輝きます。

P083-03w P083-03m

かぜ予防
急に寒くなり、かぜで欠席する子もみられます。園では、部屋の換気をこまめに行い、うがいや手洗いの大切さについても話し合い、積極的に取り組むようにしています。ご家庭でも早めの就寝と栄養バランスのいい食事にご配慮いただき、少しでも熱があるときは無理をせずに、元気になってから登園するようにお話をしてあげてください。

P083-04w P083-04m

書き出し文例

P083-05 かぜ予防

寒くなると、厚着になってしまいがちですね。無理のない程度に、できるだけ薄着で過ごすようにしましょう。

P083-06 かぜ予防

インフルエンザが流行中です。たっぷりの睡眠と栄養をとり、心身ともに元気に乗りきりましょう。

P083-07 七五三

「きのう七五三したよ！」「ぼくも！」「うちのおねえちゃんも！」。お部屋では七五三の会話が弾んでいます。

P083-08 幼　児

イチョウの葉をまとめたらすてきなブーケのできあがり！　落ち葉のかんむりをつけて、王子さまとお姫さまに大変身です。

P083-09 幼　児

風邪で欠席する子が増えてきました。「元気になりますように…」。友だちを思う子どもたちのやさしい言葉が部屋中に広がりました。

P083-10 乳　児

みんなで手をつないでお散歩に出発！　手の温もりを感じながらゆっくりのんびり秋の深まりを感じています。

P083-11 乳　児

ハイハイで落ち葉のプールを探検！　風に舞う落ち葉を見上げて「パラパラパラ〜」「あめ〜！」とにっこり。

P083-12 出席ノート

言葉が出始めた○○ちゃん。絵本で見つけた好きな言葉を何度もくり返してお話ししてくれます。

P083-13 おたより

園庭のいちょうが黄色に染まり、時折ひらひらと舞い始めました。子どもたちは、一枚一枚大事そうに集めて、「金魚のしっぽみたい」「うさぎの耳だよ」など様々なイメージをふくらませ、たちまち遊びの世界が広がります。「赤くなるはっぱもあるよ」「よーし、探検に行こう！」。自然に触れることで子どもたちは遊びをもっと楽しく、おもしろく変化させることができるのですね。今月は、作品展が開催されます。4月から今までの作品を通してその変化の様子や、現在の子どもたちの感性の広がりが伝わるような内容にしたいと思っています。

クリスマス

P084-01

P084-02

P084-03

P084-04

P084-05

P084-06

P084-07

P084-08

P084-09

P084-10

P084-11

P084-12

P084-13

P084-14

もちつき

P085-01

P085-02

P085-03

P085-04

P085-05

P085-06

P085-07

大そうじ

P085-08

P085-09

P085-10

P085-11

P085-12

誕生日

P085-13

P085-14

子ども

P086-01

P086-02

P086-03

P086-04

P086-05

P086-06

P086-07

赤ちゃん

P086-08

P086-09

P086-10

P086-11

P086-12

P086-13

P086-14

しぜん

P087-01

P087-02

P087-03

P087-04

P087-05

P087-06

P087-07

P087-08

タイトル文字

クリスマス
P087-09

クリスマス会
P087-10

音楽会
P087-11

もちつき大会
P087-12

大そうじ
P087-13

冬休み
P087-14

おたんじょう会
P087-15

12月生まれのおともだち
P087-16

飾り枠&罫

えんだより

P088-01

12月
生まれの
おともだち

P088-02

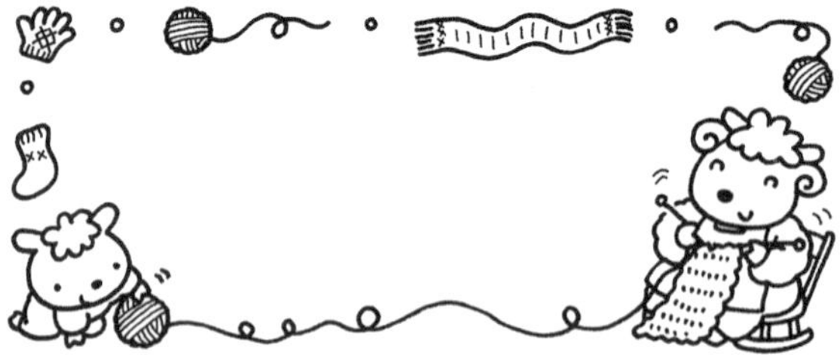

P088-03

P088-04

P088-05

P088-06

P088-07

P088-08

P088-09

P088-10

P088-11

P088-12

P088-13

P088-14

P088-15

コラム

※Windows用のファイルは末尾に「w」が、Macintosh用のファイルは末尾に「m」がついています。

もちつき
「よいしょ、よいしょ！」。子ども用の杵を手に、力いっぱいおもちをつく友だちや、真剣な表情でおもちをつくお父さんやお母さんをみんなで応援したおもちつき。園庭中がほのぼのとした雰囲気に包まれました。みんなで力を合わせてついたおもちも大好評！　「おかわり！」の声がたくさん聞こえてきました。元気いっぱい、おなかもいっぱい！　すてきなひとときになりました。

P089-01w　P089-01m

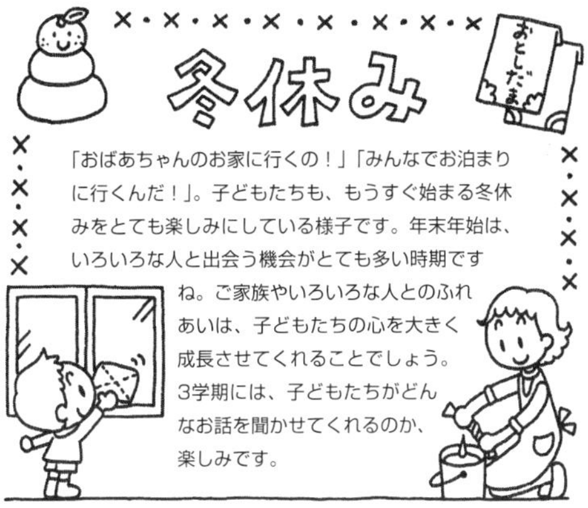
冬休み
おとしだま
「おばあちゃんのお家に行くの！」「みんなでお泊まりに行くんだ！」。子どもたちも、もうすぐ始まる冬休みをとても楽しみにしている様子です。年末年始は、いろいろな人と出会う機会がとても多い時期ですね。ご家族やいろいろな人とのふれあいは、子どもたちの心を大きく成長させてくれることでしょう。3学期には、子どもたちがどんなお話を聞かせてくれるのか、楽しみです。

P089-02w　P089-02m

チャレンジいろいろ！
最近の子どもたちはチャレンジ精神がとても旺盛です。鉄棒やうんてい、縄跳び、サッカーやドッジボールなどなど、一人ひとりが自分で決めた目標に向かってチャレンジ！　やってみたいことやできるようになりたいことはさまざまですが、最後まであきらめずにやり遂げる喜びを心と体で感じられるようなあたたかい雰囲気作りを工夫していきたいと思います。

P089-03w　P089-03m

クリスマス
「メリークリスマス！」。クリスマスソングが流れるお部屋からは、今日も子どもたちのなごやかな笑い声と楽しい歌声が聞こえてきます。集めておいた小枝やドングリでリースを作ったり、もみの木の飾りつけをしながら、みんなでワイワイ！　子どもたちもお部屋もとってもにぎやかになってきました。みんなでドキドキワクワク、クリスマスを心待ちにしています。

P089-04w　P089-04m

書き出し文例

P089-05　クリスマス

"あわてんぼうのサンタクロース"を歌っていたら、鈴の音が聞こえてきて…!?　突然のサンタクロース登場に子どもたちも大喜び！

P089-06　クリスマス

「サンタさん、来てくれるかな？」。お手紙を書いたり、飾りつけをしたりしながらクリスマスを待ちわびている子どもたちです。

P089-07　もちつき

「よいしょ！」。元気なかけ声が園庭中に響いたおもちつき。みんなで力いっぱいついたおもちは、ふんわりとやわらかくておいしかったですね。

P089-08　大そうじ

机もいすもおもちゃも床も、お部屋中がピカピカ！　きれいになった部屋で迎える新しい年も、すてきなことがたくさんありそうです。

P089-09　冬休み

いよいよ始まる冬休み。規則正しい生活リズムを大切に、楽しい毎日をお過ごしください。3学期も子どもたちの笑顔を心待ちにしています。

P089-10　幼児

みんなで育てた大根を収穫して、おみそ汁を作りました。大根の自然なおいしさを味わい、野菜を育てる喜びや楽しさを感じることができました。

P089-11　乳児

サンタクロースと初めて出会った子どもたち。やさしく抱っこしてもらってにっこり！　白いフワフワのおひげが気持ちよかったようです。

P089-12　出席ノート

ズボンの着脱ができるようになった○○くん。ズボンをはくとニコッ！「できた！」の積み重ねを自信につなげていきたいですね。

P089-13　おたより

今年のカレンダーも最後のページになりました。師走に入ると、一日一日があわただしく感じられますが、園では新年を迎える準備として子どもたちと一緒に大掃除をおこないます。ままごと道具を洗ったり、各自の引き出しの中を整理する中で、自分たちの生活の場を大切にする気持ちを育みたいと思っています。2学期のまとめの時期を迎えて、個人面談も行われます。園やご家庭でのお子さんの様子などを話し合い、よりよい園生活につなげていきたいと思います。お忙しい時期ですが、どうぞよろしくお願いいたします。

1月のカット& 文例集

正月
01gatsu ····> P090

正月

P090-01

P090-02

P090-03

P090-04

P090-05

P090-06

P090-07

P090-08

P090-09

P090-10

P090-11

P090-12

P090-13

P090-14

P090-15

1月

正月の遊び

P091-01

P091-02

P091-03

P091-04

P091-05

P091-06

P091-07

P091-08

P091-09

P091-10

P091-11

P091-12

P091-13

P091-14

子ども 誕生日 赤ちゃん
01gatsu ·····> P092

子ども

P092-01

P092-02

P092-03

P092-04

P092-05

P092-06

誕生日

P092-07

P092-08

赤ちゃん

P092-09

P092-10

P092-11

P092-12

P092-13

P092-14

P092-15

P092-16

しぜん

P093-01

P093-02

ザク ザク

P093-03

P093-04

はこべ
ほとけのざ
なずな
すずな
ななくさ
せり
ごぎょう
すずしろ

P093-05

P093-06

P093-07

タイトル文字

お正月

P093-08

A HAPPY NEW YEAR

P093-11

3学期

P093-12

新学期

P093-13

あけましておめでとうございます

P093-09

おたんじょう会

P093-14

あけまして
おめでとう

P093-10

1月生まれのおともだち

P093-15

飾り枠＆罫

P094-01

P094-02

P094-03

P094-04

P094-05

P094-06

P094-07

P094-08

P094-09

P094-10

P094-11

P094-12

P094-13

P094-14

P094-15

コラム

※Windows用のファイルは末尾に「w」が、Macintosh用のファイルは末尾に「m」がついています。

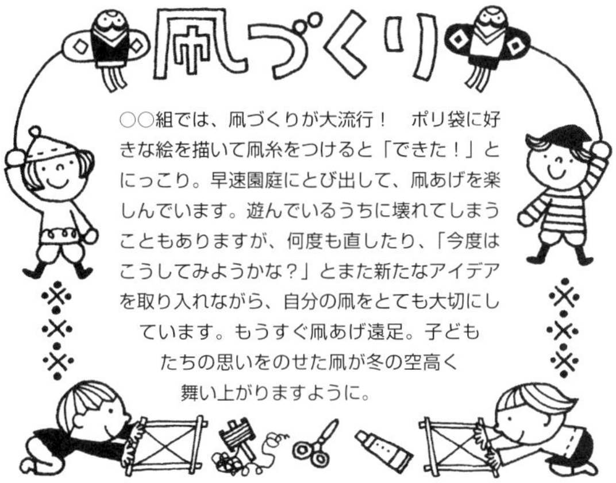
凧づくり
○○組では、凧づくりが大流行！　ポリ袋に好きな絵を描いて凧糸をつけると「できた！」とにっこり。早速園庭にとび出して、凧あげを楽しんでいます。遊んでいるうちに壊れてしまうこともありますが、何度も直したり、「今度はこうしてみようかな？」とまた新たなアイデアを取り入れながら、自分の凧をとても大切にしています。もうすぐ凧あげ遠足。子どもたちの思いをのせた凧が冬の空高く舞い上がりますように。

P095-01w　P095-01m

あけましておめでとう
「あけましておめでとうございます！」。子どもたちの元気な声で3学期が始まりました。お正月はどのようにお過ごしになりましたか？　初詣やお正月の遊び、お出かけなどなど、クラスは子どもたちの「あのね！」のお話でいっぱいです。新しい年も、子どもたちにとって豊かな園生活となりますように…。本年もどうぞよろしくお願いいたします。

P095-02w　P095-02m

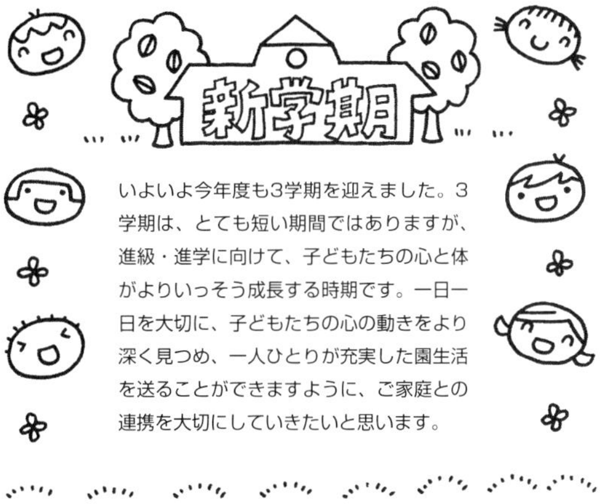
新学期
いよいよ今年度も3学期を迎えました。3学期は、とても短い期間ではありますが、進級・進学に向けて、子どもたちの心と体がよりいっそう成長する時期です。一日一日を大切に、子どもたちの心の動きをより深く見つめ、一人ひとりが充実した園生活を送ることができますように、ご家庭との連携を大切にしていきたいと思います。

P095-03w　P095-03m

冬の贈り物
今年も園庭の池に氷が張り、集まった子どもたちは朝から大にぎわいです。「きれい！」「すごい！こんなに大きいよ！」と夢中になって見つけた氷は子どもたちの宝物。ほかにも、霜柱をたくさん見つけて「おみやげ！」と袋やカップの中へ…。帰るころに溶けてしまっていると「どうしてかな？」と不思議顔。冬の自然は子どもたちの心に、たくさんのときめきを届けてくれています。

P095-04w　P095-04m

書き出し文例

P095-05　新　年

新しい年を迎えました。子どもたち一人ひとりの顔も凛としていて、お部屋中がすがすがしい空気に満ちあふれています。

P095-06　新学期

子どもたちの元気な声と笑顔がお部屋に戻ってきました。３学期も、毎日ワクワク！　楽しく過ごしていきたいと思います。

P095-07　新学期

友だちと久しぶりに会えて、とってもうれしそうな子どもたち。「あそぼう!!」。すぐに園庭へかけだしていきました。

P095-08　幼　児

「回った、回った！」。友だちのコマが回ると自分のことのように喜ぶ子どもたち。みんなの笑顔が輝いています。

P095-09　幼　児

ドッジボールが盛り上がっています。うれしい気持ち、悔しい気持ち、さまざまな思いを体験しながら、友だちとの結びつきを深めています。

P095-10　乳　児

鏡開きの日、みんなでお餅をいただきました。「おもちだ〜いすき！」。おかわりもたくさんして、ますます大きくなりそう！

P095-11　乳　児

初めて見る雪に目をパチクリ！　そっとさわってみたら冷たい感触にもっとびっくり！　みんなで小さな雪だるまをつくりました。

P095-12　出席ノート

遊び歌が大好きな○○ちゃん。歌って踊って、にっこり笑顔！　楽しさを体いっぱいで表現してくれています。

P095-13　おたより

あけまして　おめでとうございます。
新学期を迎えた子どもたちは意欲満々です。こま回し、カルタなど、真剣な表情で取り組み、その上達ぶりには目を見張るものがあります。きっと、冬休み中にご家庭で、こま回しやカルタ遊びを楽しんでくださったのですね。年長組ではさらに遊びが広がって、オリジナルカルタを作ることになりました。こま回し大会も毎日開催され、年少組もさらに腕を上げています。今年も子どもたちとともに、健康で充実した１年にしたいと思います。どうぞよろしくお願いいたします。

節分

P096-01

P096-02

P096-03

P096-04

P096-05

P096-06

P096-07

P096-08

P096-09

P096-10

P096-11

P096-12

P096-13

バレンタイン　一日入園　誕生日
02gatsu ·····> P097

バレンタイン

P097-01

P097-02

P097-03

P097-04

P097-05

P097-06

P097-07

P097-08

一日入園

P097-09

P097-10

P097-11

P097-12

誕生日

P097-13

P097-14

P097-15

P097-16

子ども

P098-01

P098-02

P098-03

P098-04

P098-05

P098-06

P098-07

赤ちゃん

P098-08

P098-09

P098-10

P098-11

P098-12

P098-13

P098-14

しぜん

P099-01

P099-02

P099-03

P099-04

P099-05

P099-06

P099-07

P099-08

タイトル文字

節分

P099-09

豆まき

P099-10

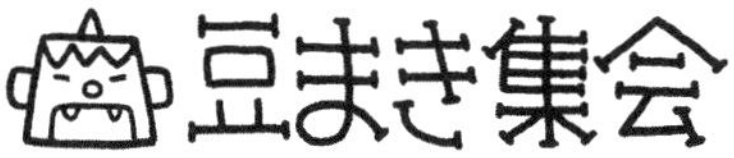
豆まき集会

P099-11

生活発表会

P099-12

音楽会

P099-13

一日入園

P099-14

おたんじょう会

P099-15

2月生まれのおともだち

P099-16

飾り枠&罫

P100-01

P100-02

P100-12

P100-13

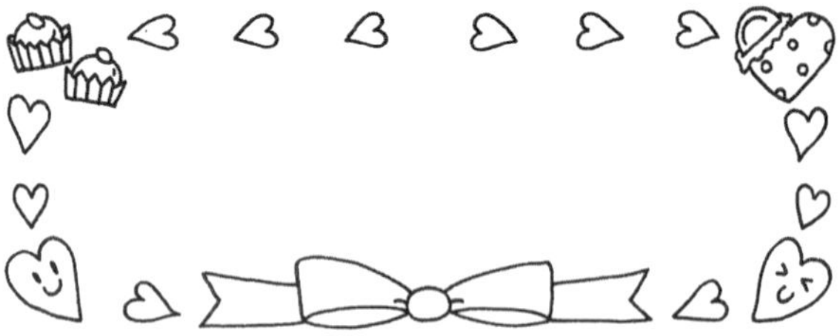

P100-03

P100-04

P100-05

P100-06

P100-07

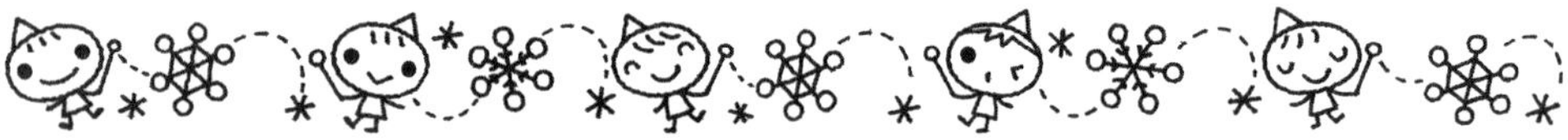

P100-08

P100-09

P100-10

P100-11

P100-14

P100-15

コラム

※Windows用のファイルは末尾に「w」が、Macintosh用のファイルは末尾に「m」がついています。

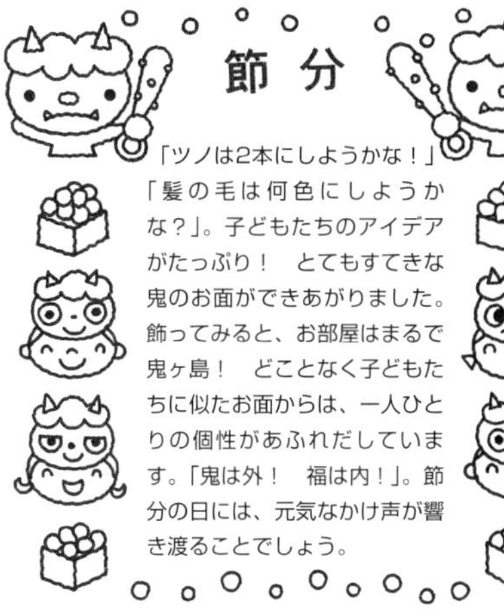
節分
「ツノは2本にしようかな！」「髪の毛は何色にしようかな？」。子どもたちのアイデアがたっぷり！　とてもすてきな鬼のお面ができあがりました。飾ってみると、お部屋はまるで鬼ヶ島！　どことなく子どもたちに似たお面からは、一人ひとりの個性があふれだしています。「鬼は外！　福は内！」。節分の日には、元気なかけ声が響き渡ることでしょう。

P101-01w　P101-01m

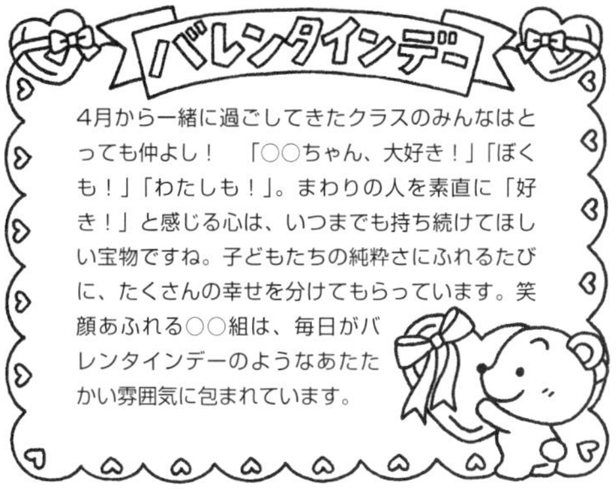
バレンタインデー
4月から一緒に過ごしてきたクラスのみんなはとっても仲よし！　「○○ちゃん、大好き！」「ぼくも！」「わたしも！」。まわりの人を素直に「好き！」と感じる心は、いつまでも持ち続けてほしい宝物ですね。子どもたちの純粋さにふれるたびに、たくさんの幸せを分けてもらっています。笑顔あふれる○○組は、毎日がバレンタインデーのようなあたたかい雰囲気に包まれています。

P101-02w　P101-02m

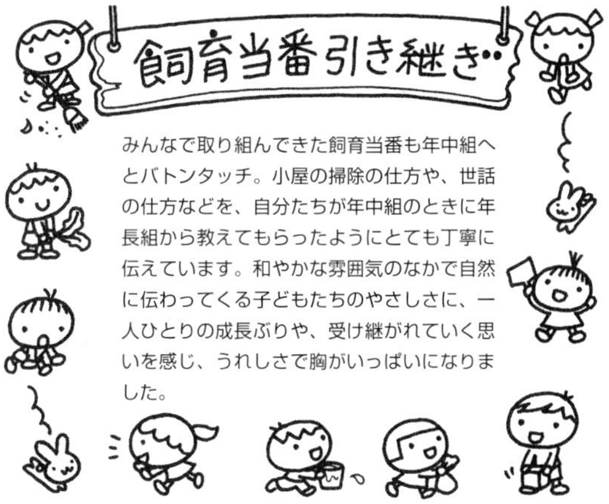
飼育当番引き継ぎ
みんなで取り組んできた飼育当番も年中組へとバトンタッチ。小屋の掃除の仕方や、世話の仕方などを、自分たちが年中組のときに年長組から教えてもらったようにとても丁寧に伝えています。和やかな雰囲気のなかで自然に伝わってくる子どもたちのやさしさに、一人ひとりの成長ぶりや、受け継がれていく思いを感じ、うれしさで胸がいっぱいになりました。

P101-03w　P101-03m

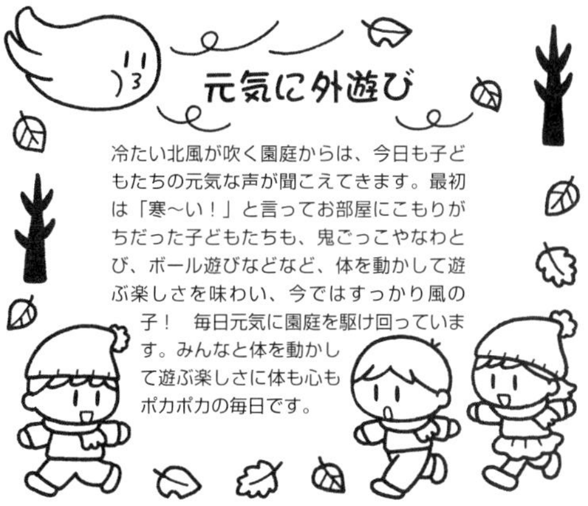
元気に外遊び
冷たい北風が吹く園庭からは、今日も子どもたちの元気な声が聞こえてきます。最初は「寒〜い！」と言ってお部屋にこもりがちだった子どもたちも、鬼ごっこやなわとび、ボール遊びなどなど、体を動かして遊ぶ楽しさを味わい、今ではすっかり風の子！　毎日元気に園庭を駆け回っています。みんなと体を動かして遊ぶ楽しさに体も心もポカポカの毎日です。

P101-04w　P101-04m

書き出し文例

P101-05　節分

色とりどりの鬼のお面をつけた子どもたちが大集合！「鬼は外！ 福は内！」。春を呼ぶ子どもたちの元気なかけ声が響きます。

P101-06　バレンタインデー

クラスがチョコレート工場に大変身!?　紙や毛糸などいろいろな素材を使って作るチョコレートはとってもおいしそうです。

P101-07　一日入園

ようこそ！　小さなお友だち。今日はみんなでたくさん遊びましょうね。桜が咲いたらみんなも○○園の仲間入りです。

P101-08　幼児

フルーツバスケットなど、みんなで楽しめるゲームが大人気！　たくさんの友だちとのふれあいに子どもたちの心も体も弾みます。

P101-09　幼児

「何人で跳べるかな？」。大なわとびにチャレンジ中！　みんなで励まし合ってジャンプ、ジャンプ！　園庭中が熱気に包まれています。

P101-10　乳児

大きな赤鬼の登場にびっくり！　泣きながら豆まきをして鬼退治！　涙顔もあっという間に笑顔に変わりました。

P101-11　乳児

早春のやわらかな光が保育室を包みこみます。のんびりひなたぼっこをしたり、お昼寝をしたり、ほのぼのとしたひとときを楽しんでいます。

P101-12　出席ノート

○○くんが考え出すクイズは、お友だちにも大好評！　「おもしろいね！」。豊かな発想力にみんなでいつも驚いています。

P101-13　おたより

冷たい北風の中でも、木の枝の先には、少し赤みがかった新芽が小さくふくらんでいます。自然はいち早く春を感じとっているのですね。子どもたちは鬼のお面作りを始めました。「鬼は外！　福は内！」。元気な掛け声とともにおこりんぼ鬼や泣き虫鬼を追い出して、暖かい春を招き入れましょう。インフルエンザが流行の兆しを見せています。「しっかり食事、ぐっすり睡眠」を心がけ、外から帰ったら手洗いうがいを忘れずに。もうすぐやってくる進学、進級の季節を元気に迎えたいですね。

3月のカット & 文例集

ひなまつり　耳の日
03gatsu ……> P102

ひなまつり

P102-01　P102-02　P102-03　P102-04

P102-05　P102-06　P102-07　P102-08

P102-09　P102-11　P102-12

P102-10

耳の日

P102-13　P102-14　P102-15　P102-16

春休み

P103-01

P103-02

P103-03

P103-04

P103-05

P103-06

P103-07

P103-08

P103-09

P103-10

P103-11

誕生日

P103-12

P103-13

P103-14

P103-15

子ども

P104-01

P104-02

P104-03

P104-04

P104-05

P104-06

P104-07

P104-08

P104-09

P104-10

P104-11

P104-12

P104-13

P104-14

P104-15

P104-16

赤ちゃん

P105-01

P105-02

P105-03

P105-04

P105-05

P105-06

P105-07

P105-08

P105-09

P105-10

P105-11

P105-12

P105-13

しぜん

P106-01

P106-02

P106-03

P106-04

P106-05

P106-06

P106-07

タイトル文字

ひなまつり

P106-08

修了式

P106-09

お別れ会

P106-10

お別れ遠足

P106-11

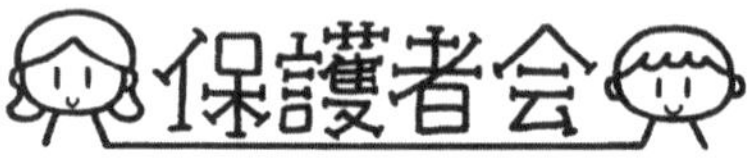
保護者会

P106-12

おたんじょう会

P106-13

3月生まれのおともだち

P106-14

おもいで

P106-15

飾り枠＆罫

P107-01

P107-02

P107-03

P107-04

P107-05

P107-06

P107-07

P107-08

P107-09

P107-10

P107-11

P107-12

P107-13

P107-14

P107-15

コラム

※Windows用のファイルは末尾に「w」が、Macintosh用のファイルは末尾に「m」がついています。

耳の日
「耳の日」には、難聴や言語障害で悩んでいる人々のために少しでも役に立ちたいという社会福祉の願いがこめられています。言語の発達は、聞くことから始まります。子どもたちも日ごろから、いろいろな音を聞いたり、相手の話に耳を傾けたりしながら言葉を覚え、知識を広げています。言葉の発達を促すためにも、よく聞くこと、話すことを大切にしたいですね。

P108-01w　P108-01m

春休み
進級、進学を控えて、うれしい気持ちでいっぱいの春休みが始まります。新年度に向けて、持ち物の名前の書き換えなど、準備のときには、ぜひお子さんも参加できるようにしてあげましょう。ご家族で、大きくなる喜びをともに感じていただけたら、お子さんのうれしさもいっそうふくらんで、すてきな新学期が迎えられそうですね。

P108-02w　P108-02m

お別れ会
大好きな年長組を招待して、お別れ会を開きました。招待状やプレゼント作り、部屋の飾りつけなど、とても積極的に取り組む姿から、年長組を思う気持ちを強く感じました。一緒に遊んだり、飼育当番を教えてもらったり、年長組からたくさんのことを学んできた子どもたちも4月からはいよいよ年長組。あたたかい思いやりの気持ちは、子どもたちの心から心へとつながっていくことでしょう。

P108-03w　P108-03m

ひなまつり
3月3日は桃の節句、ひなまつりです。園でも、おひなさまを作ったり、飾ったりしながら、ひなまつりの雰囲気を楽しんできました。ひなまつり会でも、ひなまつりの由来やひな人形のお話を聞き、ひなあられをみんなでおいしくいただいてお祝いしました。子どもたち手作りのおひなさまに囲まれて、桃の花のようなかわいい笑顔があふれる和やかなひとときを過ごしました。

P108-04w　P108-04m

書き出し文例

P108-05　ひなまつり

「♪あかりをつけましょ、ぼんぼりに～」。子どもたちのやさしい歌声に、おひなさまたちもとってもうれしそうです。

P108-06　進　級

○○組の前を行ったり来たり。憧れのお部屋をそっとのぞいてはニコッ！　ひとつ大きくなる喜びに胸をふくらませています。

P108-07　春休み

進級、進学を控えてドキドキ、ワクワク！　規則正しい生活リズムを大切に、楽しい春休みをお過ごしください。

P108-08　幼　児

お別れ遠足に行ってきました。みんなで一緒に感じたときめきは大切な宝物。すてきな思い出がまたひとつ増えました。

P108-09　幼　児

「いっしょに遊ぼう！」「昨日の続きね！」「いいよ！」。子どもたちの言葉に、友だちとの深い結びつきを感じます。

P108-10　乳　児

「あのね！」「きいて、きいて！」。おしゃべりが大好きな子どもたち。今度はどんなお話を聞かせてくれるのでしょう？

P108-11　乳　児

お気にいりの散歩道で「ツクシをみ～つけた！」。小さな春の訪れに、子どもたちもうれしそうにほほえみます。

P108-12　出席ノート

自分の思いを言葉で伝えられるようになった○○くん。これからも、たくさんの友だちとのふれあいを楽しんでほしいと願っています。

P108-13　おたより

穏やかな日差しが春の訪れを感じさせます。いよいよ卒園、進級の時期がやってまいりました。この１年間の子どもたちの成長ぶりを振り返ると、胸の熱くなる思いがいたします。頼りなさそうな表情だった年少組は、今では瞳を輝かせて活動に集中するようになりました。年長組は自信に満ち、友だちとも「仲間」として互いに認め合い、助け合うすばらしい関係が生まれています。園での生活も残り少なくなりました。子どもたち一人ひとりの気持ちやことばをしっかりと受け止めながら、大切に過ごしたいと思います。

園の行事カット&文例集

園で行う主要な行事のカット＆文例を集めました。保護者へのお知らせやプログラム、終わったあとのおたよりや思い出いっぱいのアルバム作りなど、行事の前後で必要になるさまざまな配布物などにお使いいただけます。

- 入園式
- 保育参観
- お泊まり保育
- 運動会
- 身体測定
- 作品展・発表会
- 卒園式

P110-01

P110-02

P110-03

P110-04

P110-05

P110-06

P110-07

P110-08

P110-09

P110-10

P110-11

P110-12

P110-13

P110-14

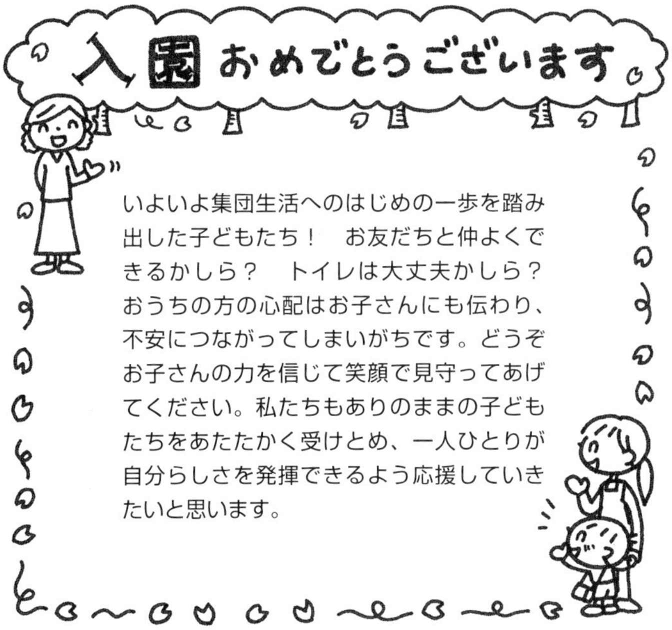
入園おめでとうございます
いよいよ集団生活へのはじめの一歩を踏み出した子どもたち！　お友だちと仲よくできるかしら？　トイレは大丈夫かしら？　おうちの方の心配はお子さんにも伝わり、不安につながってしまいがちです。どうぞお子さんの力を信じて笑顔で見守ってあげてください。私たちもありのままの子どもたちをあたたかく受けとめ、一人ひとりが自分らしさを発揮できるよう応援していきたいと思います。

P111-01w　P111-01m

※Windows用のファイルは末尾に「w」が、Macintosh用のファイルは末尾に「m」がついています。

P111-02　P111-03　P111-04

P111-05

P111-06

P111-07

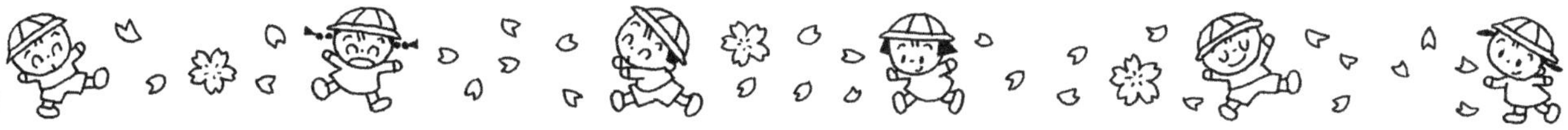

P111-08

ご入園おめでとうございます。今日の〝はじめの一歩〟の感動は、いつまでも心に残る大切な宝物ですね。

P111-09

春風に舞う桜の花びらのようなやさしさと、タンポポのような笑顔で、子どもたちの成長を応援していきたいと思います。

P111-10

「はじめまして！」。一人ひとりのはじめの一歩がキラリ！　ドキドキ、わくわく！　楽しい園生活の始まりです。

P111-11

ちょっぴり不安な気持ちも、お友だちと手をつないだら心がホッ。勇気がわいてきて足どりも軽くなりました。

保育参観

P112-01

P112-02

P112-03

P112-04

P112-05

P112-06

P112-07

P112-08

P112-09

P112-10

P112-11

P112-12

P112-13

P112-14

P112-15

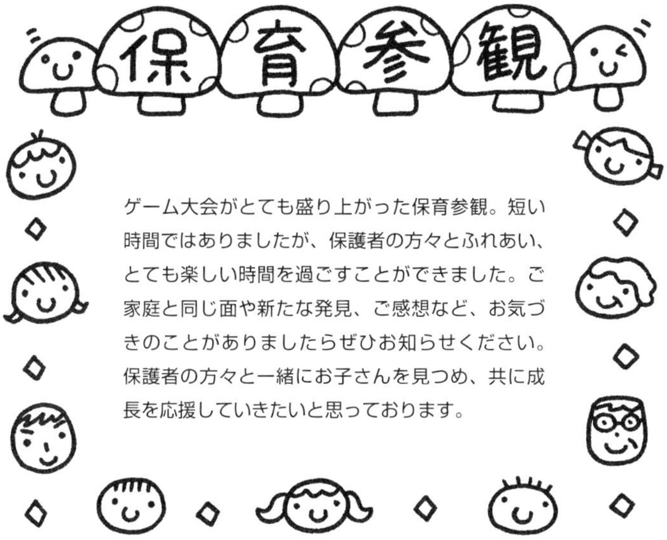
保育参観
ゲーム大会がとても盛り上がった保育参観。短い時間ではありましたが、保護者の方々とふれあい、とても楽しい時間を過ごすことができました。ご家庭と同じ面や新たな発見、ご感想など、お気づきのことがありましたらぜひお知らせください。保護者の方々と一緒にお子さんを見つめ、共に成長を応援していきたいと思っております。

P113-01w　P113-01m

※Windows用のファイルは末尾に「w」が、Macintosh用のファイルは末尾に「m」がついています。

参観日
○○組がスタートしてから2か月が過ぎ、子どもたち一人ひとりの持ち味もキラリと輝き始めました。もうすぐ参観日。いつもとは違う状況のため、思いもよらない行動がみられるかもしれませんが、どうぞ温かい目で見守ってあげてください。園でみつけた好きなことや、大好きな友だちをみつめる子どもたちの瞳のきらめきをそっと見守っていただけたらと思っております。

P113-02w　P113-02m

P113-03

P113-04

P113-07

もうすぐ参観日。親子で楽しむゲームもたくさん企画しています。どうぞ動きやすい服装でお越しください。

P113-08

パパもママもお友だちも！　みんなでたっぷり遊んだ参観日。ご家族の温もりが部屋いっぱいに広がりました。

P113-09

お家の方と一緒に手遊びタイム！　手と手、心と心がふれあうと自然に笑みがこぼれ、部屋中が和やかな雰囲気に包まれます。

P113-10

保育参観にご参加いただきましてありがとうございました。ちょっぴり照れた子どもたちの表情が印象的なひとときでした。

P113-05　P113-06

お泊まり保育

P114-01

P114-02

P114-03

P114-04

P114-05

P114-06

P114-07

P114-08

P114-09

P114-10

P114-11

P114-12

P114-13

P114-14

P114-15

お泊まり保育
ご家族と離れ、ドキドキで胸がいっぱいだったお泊まり保育。食事作りやみんなで入った大きなお風呂、きもだめしやキャンプファイヤーなどなど、友だちと一緒に力を合わせて、とても充実した時間を過ごすことができました。友だちと手をつないで眠った夏の夜、子どもたちの心と心もそっとやさしくつながりました。

P115-01w　P115-01m

※Windows用のファイルは末尾に「w」が、Macintosh用のファイルは末尾に「m」がついています。

P115-02

P115-03

P115-04

P115-05

P115-06

P115-07

P115-08

もうすぐお泊まり保育。楽しみだけれどちょっぴり心配…。子どもたちの気持ちもさまざまです。どうぞ温かく見守ってあげてください。

P115-09

ドキドキ顔にワクワク顔！　子どもたちもさまざまな表情をみせています。どうぞあたたかく応援してあげてくださいね。

P115-10

「みんながいるから大丈夫！」。友だちと一緒に過ごした時間はかけがえのない宝物。友だちとの結びつきがますます深まりました。

P115-11

ドキドキワクワクのお泊まり保育！　友だちと一緒に過ごした時間や、いろいろなことに挑戦した勇気は、いつまでも心に残る大切な宝物ですね。

P116-01

フレー
フレー

P116-02

うんどうかい

P116-03

P116-04

P116-05

本部

P116-06

放送

P116-07

救護

P116-08

案内

P116-09

園児席

P116-10

保護者席

P116-11

祖父母席

P116-12

来賓席

P116-13

トイレ(男)

P116-14

トイレ(女)

P116-15

P117-01

P117-02

P117-03

P117-04

P117-05

P117-06

P117-07

P117-08

P117-09

P117-10

P117-11

P117-12

P117-13

P117-14

P117-15

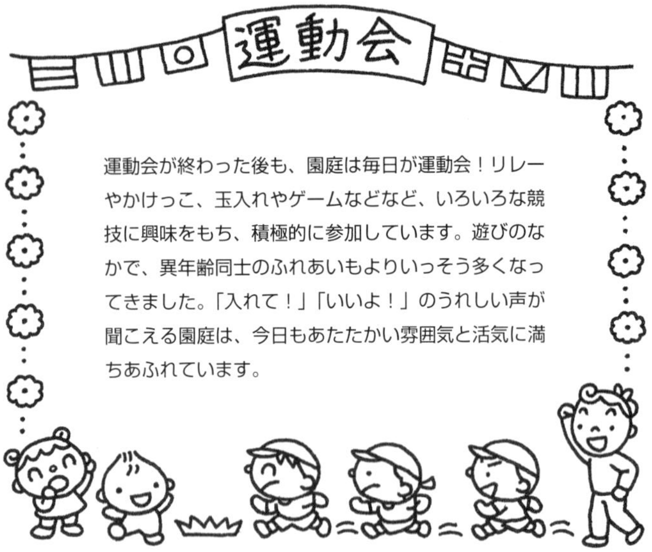
運動会
運動会が終わった後も、園庭は毎日が運動会！リレーやかけっこ、玉入れやゲームなどなど、いろいろな競技に興味をもち、積極的に参加しています。遊びのなかで、異年齢同士のふれあいもよりいっそう多くなってきました。「入れて！」「いいよ！」のうれしい声が聞こえる園庭は、今日もあたたかい雰囲気と活気に満ちあふれています。

P118-01w　P118-01m

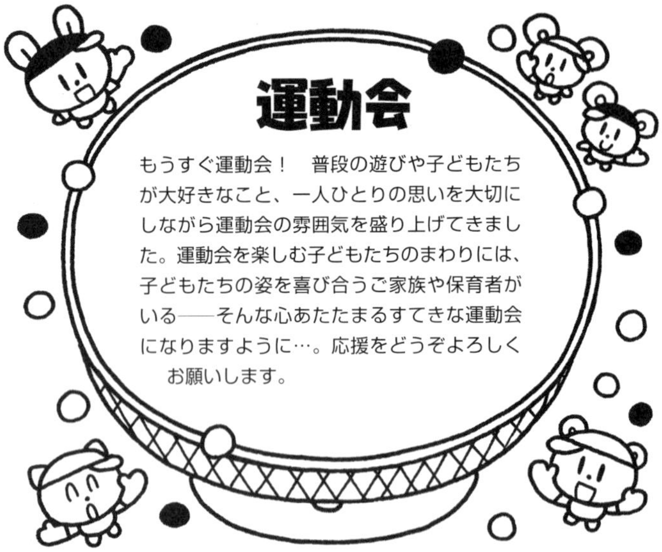
運動会
もうすぐ運動会！　普段の遊びや子どもたちが大好きなこと、一人ひとりの思いを大切にしながら運動会の雰囲気を盛り上げてきました。運動会を楽しむ子どもたちのまわりには、子どもたちの姿を喜び合うご家族や保育者がいる――そんな心あたたまるすてきな運動会になりますように…。応援をどうぞよろしくお願いします。

P118-02w　P118-02m

※Windows用のファイルは末尾に「w」が、Macintosh用のファイルは末尾に「m」がついています。

P118-03

P118-04

P118-05　P118-06

P118-07

夢中になって走る子どもたちをみんなで応援！　「がんばれ〜！」「すごい、すごい！」。運動会の雰囲気が盛り上がってきました。

P118-08

ドキドキ運動会もみんなで「エイエイオー！」。力を合わせて作った○○組の旗を見るたびに、勇気が出てきてワクワクします。

P118-09

最後まで力いっぱい頑張った運動会。胸の金メダルに負けないくらい、子どもたちの笑顔がキラキラと輝きました。

P118-10

うれしい気持ち、悔しい気持ち、さまざまな気持ちを経験しながら迎えた運動会。子どもたちの心がまた大きく成長しました。

つめを
短く 切りましょう

P119-01

P119-02

P119-03

P119-04

P119-05

P119-06

P119-07

☆名前をつけましょう!

P119-08

身体測定
どのくらい大きくなったかな？ 身体測定は、心と体が大きくなっていることを実感できる絶好のチャンスです。測定結果もお知らせしますので、ご家庭でもお子さんと一緒に成長の喜びを感じてあげてくださいね。衣服に名前やマークをつけておくと自分の脱いだものがわかりやすくなり、測定日がよりいっそう楽しくなります。また、自分で衣服の着脱ができるよう少しずつ無理のないように応援していきたいですね。

P119-09w

P119-09m

P119-10

学期始めの身体測定をしました。「大きくなってる？」とドキドキ顔。一人ひとりの身長も体重もとても大きくなっています。

P119-11

たくさん食べていっぱい遊んで随分大きくなりました。測定結果を記録してありますので、お子さんと一緒に成長を喜び合ってください。

P119-12

「105.2㎝だって！」「すご～い！」。測定結果を伝えると大はしゃぎ！ 友だちどうしで大きくなった喜びを分かち合う、とてもほほえましい光景です。

P119-13

自分で脱いだもの（衣服）をたたんだり、着替えたり……。身体測定を通して、身の回りのことを「自分でできた！」うれしさが、自信を育てています。

※Windows用のファイルは末尾に「w」が、
Macintosh用のファイルは末尾に「m」
がついています。

P119-14

P119-15

P120-01

P120-02

P120-03

P120-04

P120-05

P120-06

P120-07

P120-08

P120-09

P120-10

P120-11

P120-12

P120-13

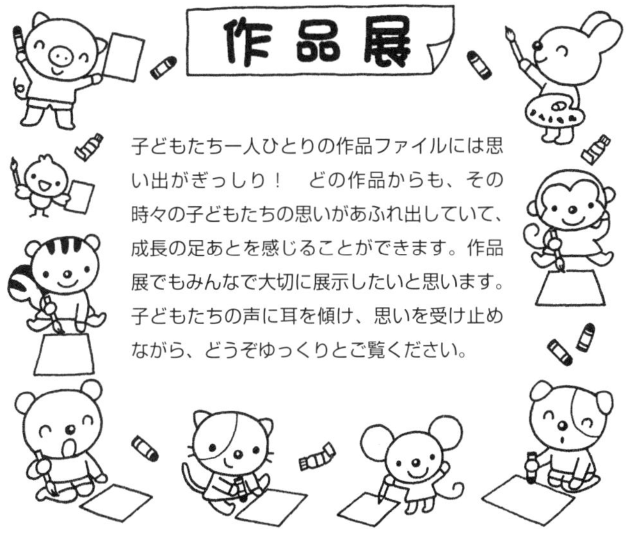
作品展
子どもたち一人ひとりの作品ファイルには思い出がぎっしり！　どの作品からも、その時々の子どもたちの思いがあふれ出していて、成長の足あとを感じることができます。作品展でもみんなで大切に展示したいと思います。子どもたちの声に耳を傾け、思いを受け止めながら、どうぞゆっくりとご覧ください。

P121-01w　P121-01m

※Windows用のファイルは末尾に「w」が、Macintosh用のファイルは末尾に「m」がついています。

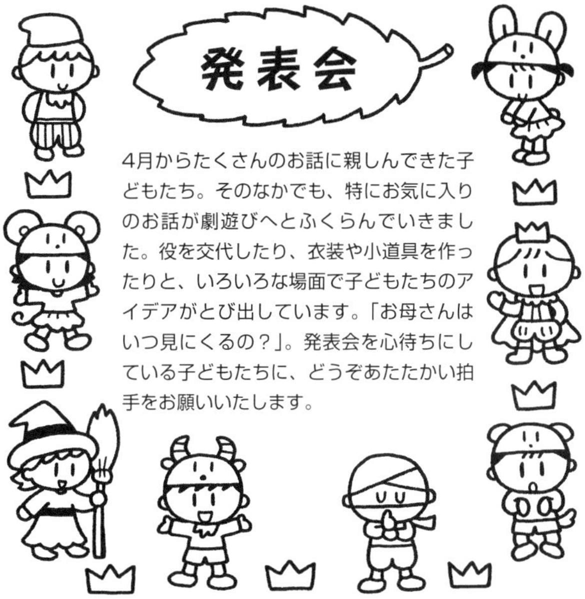
発表会
4月からたくさんのお話に親しんできた子どもたち。そのなかでも、特にお気に入りのお話が劇遊びへとふくらんでいきました。役を交代したり、衣装や小道具を作ったりと、いろいろな場面で子どもたちのアイデアがとび出しています。「お母さんはいつ見にくるの？」。発表会を心待ちにしている子どもたちに、どうぞあたたかい拍手をお願いいたします。

P121-02w　P121-02m

P121-03

P121-04

P121-07

お気に入りの衣装をつけて、気分はすっかり発表会。いすを並べて作ったみんなのミニシアターにも大満足！

P121-08

たくさんの拍手に包まれた発表会。みんなで力を合わせてやりとげた喜びに、子どもたちも大きな自信がついたようです。

P121-09

子どもたちと一緒に、今までの作品を並べてみました。「これはね！」。どの作品からも子どもたちの思いがあふれ出しています。

P121-10

空き箱で作った車も、段ボールの家も一つひとつが子どもたちの宝物！　保育室いっぱいにみんなの夢の街が広がりました。

P121-05　P121-06

卒園式

P122-01

P122-02

P122-03

P122-04

P122-05

P122-06

P122-07

P122-08

P122-09

P122-10

P122-11

P122-12

P122-13

P122-14

P123-01

P123-02

P123-03

P123-04

P123-05

P123-06

P123-07

P123-08

P123-09

P123-10

P123-11

P123-12

P123-13

P123-14

卒園
ご卒園おめでとうございます。生まれて初めてご家庭から離れ、涙が出たり、緊張していたりといろいろな表情を見せていた子どもたちも、さまざまな経験や感動を積み重ね、心も体もとても大きく成長しました。子どもたちと一緒に数えきれないほどの喜びを分かち合えたことに、かけがえのない幸せを感じています。新しい世界へとはばたく子どもたちの未来が明るく大きく輝きますように……。

P124-01w　P124-01m

※Windows用のファイルは末尾に「w」が、Macintosh用のファイルは末尾に「m」がついています。

思い出 いっぱい!
子どもたちと出会ってからの1年間、春・夏・秋・冬、どの場面を思い出してみても心のなかが温かくなり、幸せな気持ちでいっぱいになります。今年度も、子どもたちや保護者のみなさまと一緒にたくさんの思い出を紡ぐことができました。みなさまにお会いできたことに、心より感謝申し上げます。すてきな思い出をありがとうございました。

P124-02w　P124-02m

P124-03

P124-04

P124-05　P124-06

P124-07

ご卒園おめでとうございます。新たな世界へと歩み始める子どもたち一人ひとりの笑顔が、春の光のなかで輝いています。

P124-08

もうすぐ1年生！　「小学校ってどんなところ？」「お友だちはできるかな？」。子どもたちの夢が春の空いっぱいに広がります。

P124-09

友だちと一緒に感じた楽しさやときめきはかけがえのない宝物！　子どもたちの心のなかで、いつまでも輝き続けますように…。

P124-10

たくさんの仲間と一緒に育んだ夢と勇気を胸に、明るい未来へと歩き始める子どもたちが、まぶしく輝いています。

その他のお役立ちカット

季節に関係なく、日常の保育のさまざまな場面でさりげなく使えるカットです。食育や生活習慣といった毎日のことから、あらたまったお知らせなどに使えるフォーマルなものまで、役立つカットがたくさんあります。

動物
生活
食育・健康
乗り物
生活習慣
リアルタッチ
フォーマル
メッセージ文字

動物

P126-01

P126-02

P126-03

P126-04

P126-05

P126-06

P126-07

P126-08

P126-09

P126-10

P126-11

P126-12

P126-13

P126-14

P126-15

P126-16

P127-01

P127-02

P127-03

P127-04

P127-05

P127-06

P127-14

P127-15

P127-07

P127-08

P127-09

P127-10

P127-11

P127-12

P127-13

P127-16

P127-17

生活

P128-01

P128-02

P128-03

P128-04

P128-05

P128-06

P128-07

P128-08

P128-09

P128-10

P128-11

P128-12

P128-13

P128-14

P128-15

P128-16

P129-01

P129-02

P129-03

P129-04

P129-05

P129-06

P129-07

P129-08

P129-09

P129-10

P129-11

P129-12

P129-13

P129-14

P129-15

P129-16

P129-17

P130-01

P130-02

P130-03

P130-04

P130-05

P130-06

P130-07

P130-08

P130-09

P130-10

P130-11

P130-12

P130-13

P130-14

P130-15

P130-16

P131-01

P131-02

P131-03

P131-04

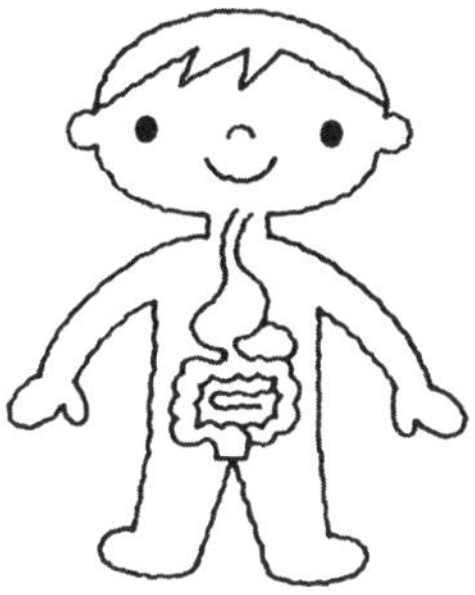

P131-05

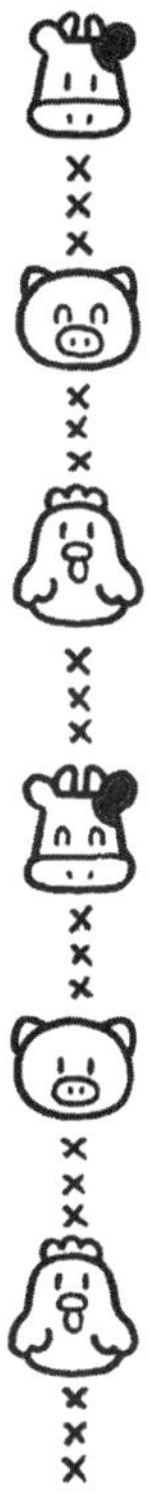

P131-13

P131-14

P131-06

P131-07

P131-08

P131-09

P131-10

P131-11

P131-12

P131-15

P131-16

乗り物

sonota····> P132

P132-01

P132-02

P132-03

P132-04

P132-05

P132-06

P132-07

P132-08

P132-09

P132-10

P132-11

P132-12

P132-13

P132-14

P132-15

P132-16

P133-01

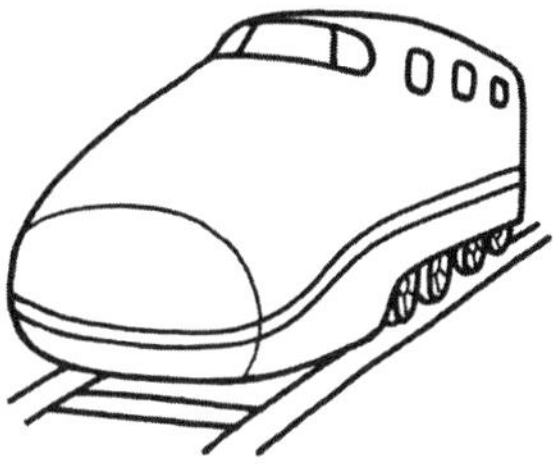
P133-02

P133-03

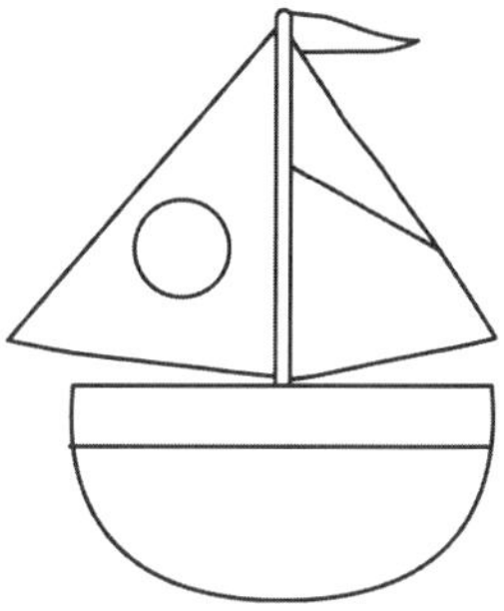
P133-04

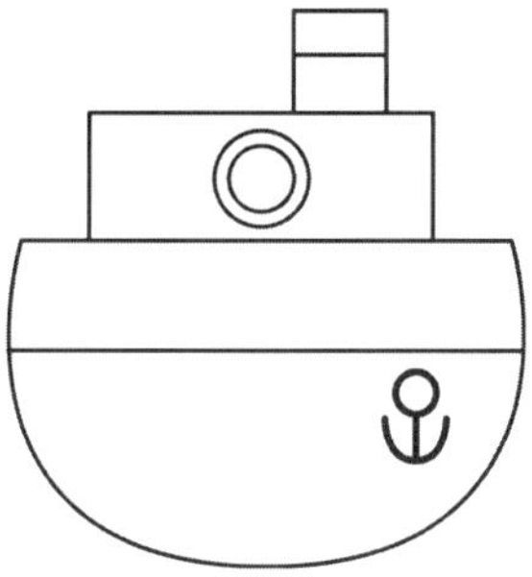
P133-05

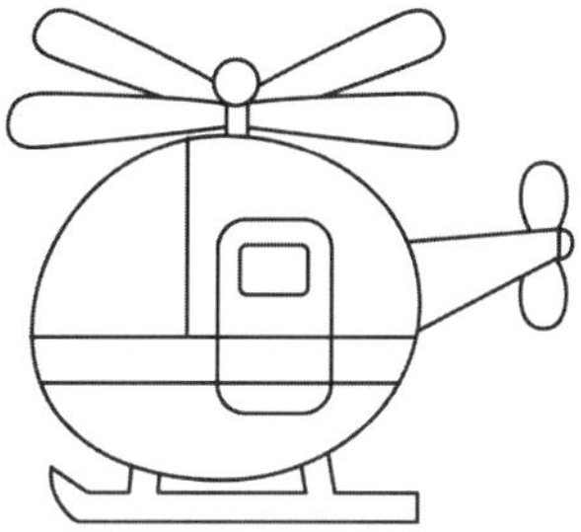
P133-06

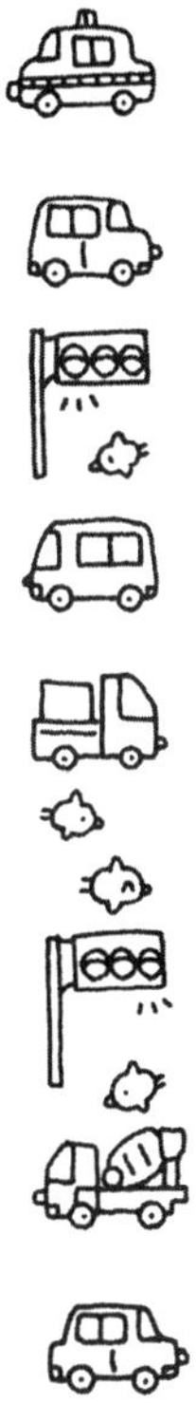
P133-13

P133-14

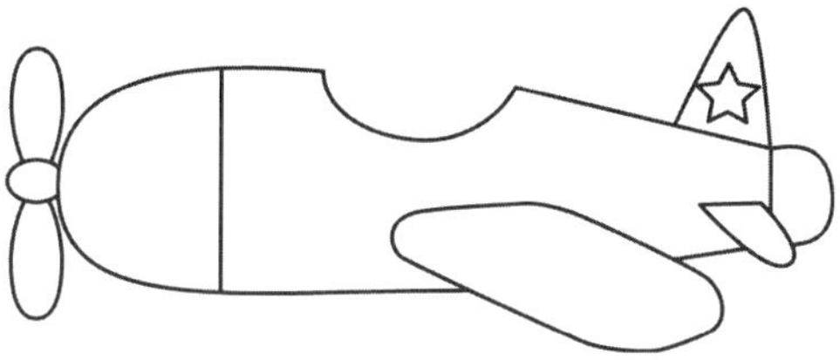
P133-07

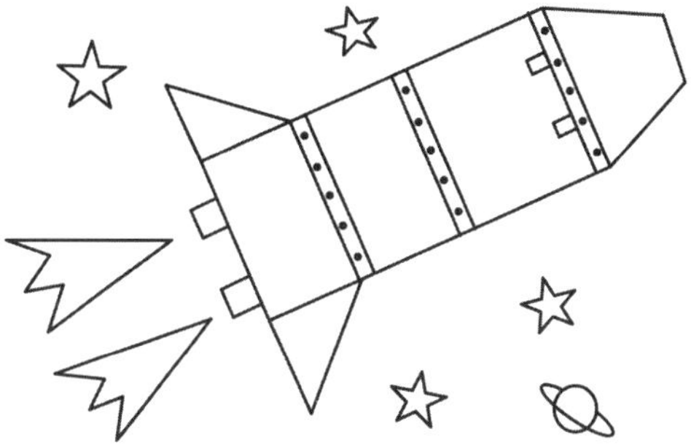
P133-08

P133-15

P133-16

P133-09

P133-10

P133-11

P131-12

交通安全

P134-01

車に
気を
つけましょう

P134-02

自転車の安全運転

P134-03

歯をみがきましょう!

P134-04

爪を切りましょう

P134-05

かぜの予防

P134-06

排便習慣

P134-07

毎朝健康
チェック！

P134-08

早寝早起き
よりよい睡眠のために

P134-09

薄着を心がけましょう

P134-10

靴のサイズを確認しましょう

P134-11

食中毒に
注意しましょう!

P134-12

園でのお薬
についての
お願い

P134-13

あいさつをしましょう

P135-01

忘れ物は
ありませんか

P135-02

名前をつけましょう

P135-03

朝食を
きちんととりましょう

P135-04

規則正しい生活リズムを
大切にしましょう

P135-05

P135-12

P135-13

前髪が目に
かかっていませんか？

P135-06

日射病、熱中症に
気をつけましょう

P135-07

P135-08

P135-09

P135-10

P135-11

P135-14

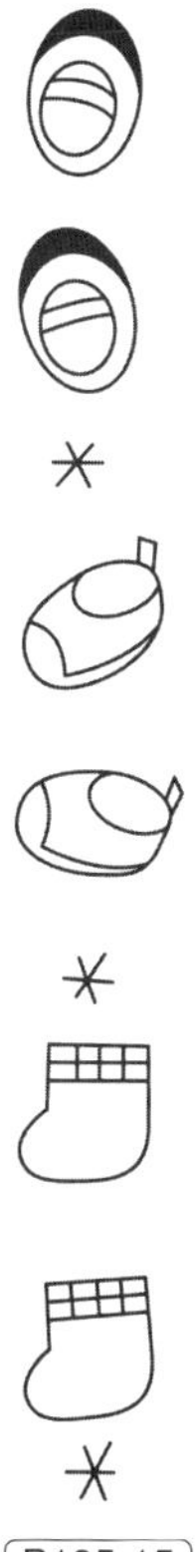

P135-15

リアルタッチ

sonota····> P136

P136-01

P136-02

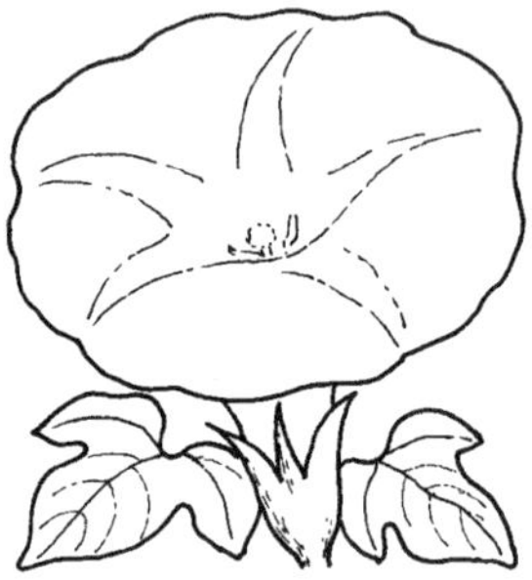

P136-03

P136-04

P136-05

P136-06

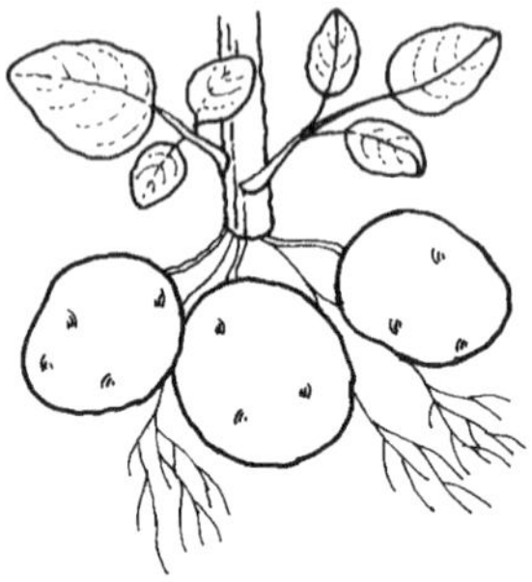

P136-07

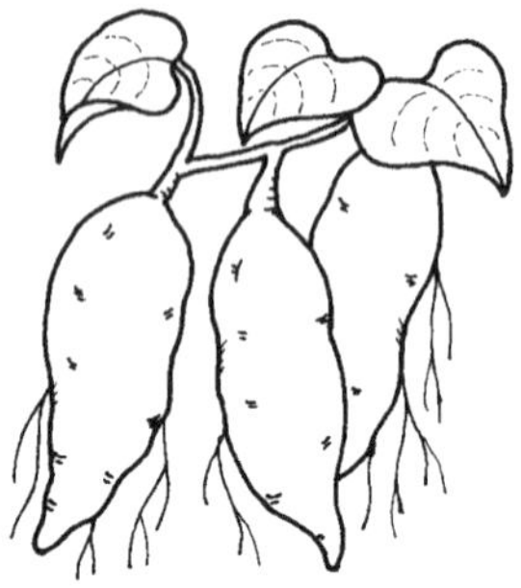

P136-08

P136-09

P136-10

P136-11

P136-12

P136-13

P136-14

P136-15

P136-16

P137-01

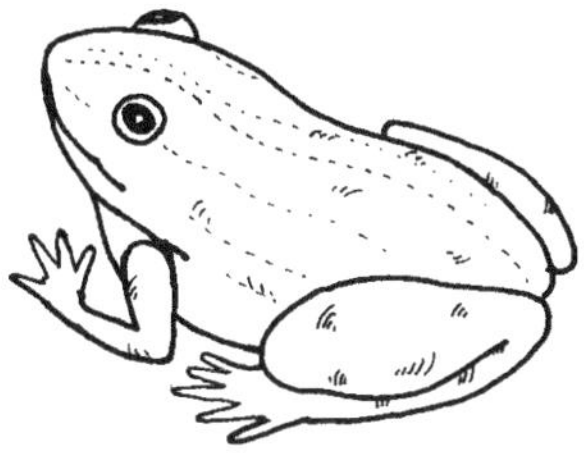

P137-02

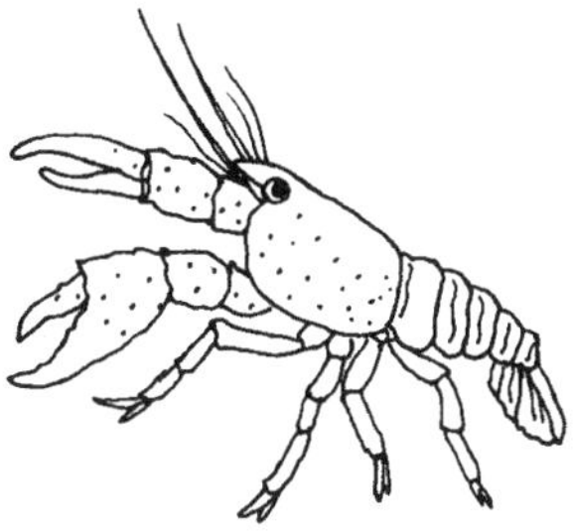

P137-03

P137-04

P137-05

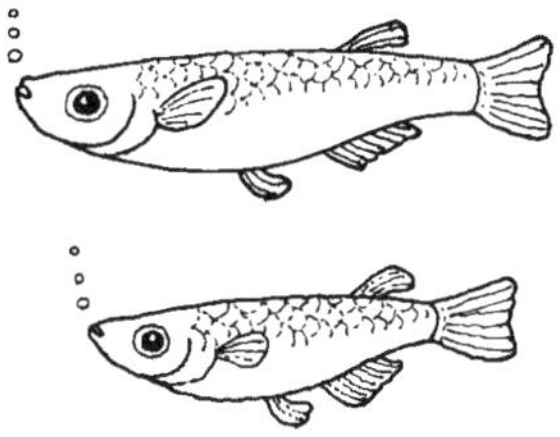

P137-06

P137-07

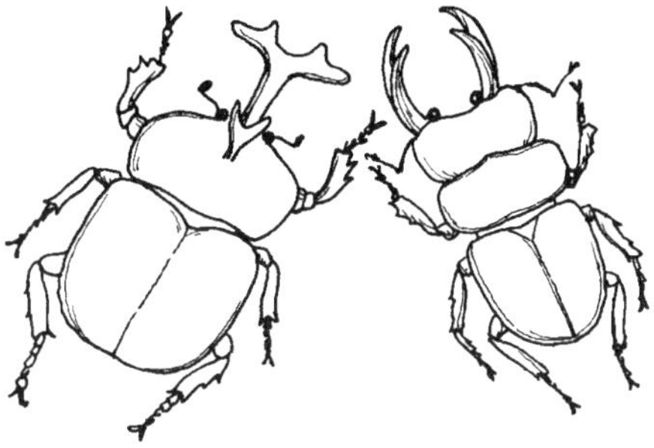

P137-08

P137-09

P137-10

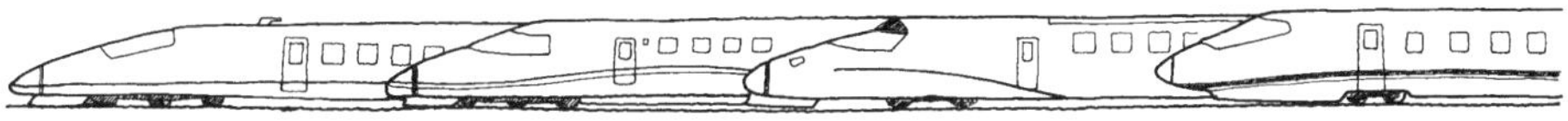

P137-11

P137-12

P137-13

P137-14

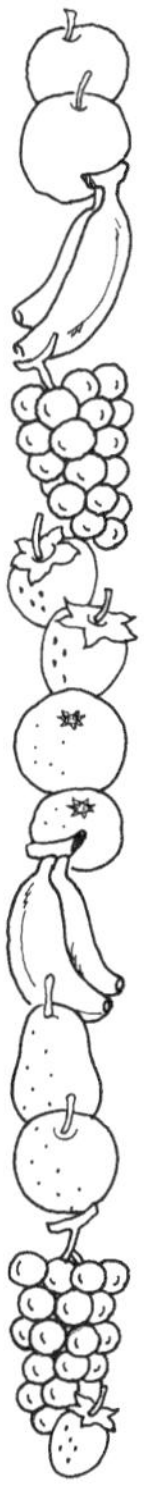

P137-15

P137-16

フォーマル

P138-01

P138-02

P138-03

P138-04

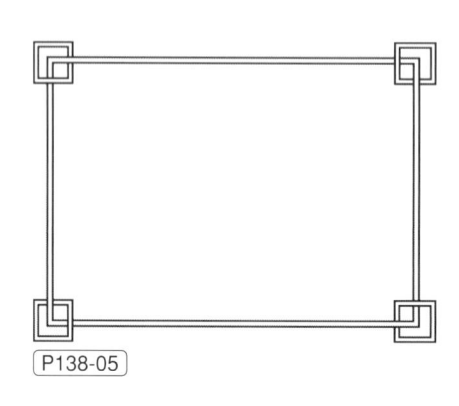

P138-05

P138-06

P138-07

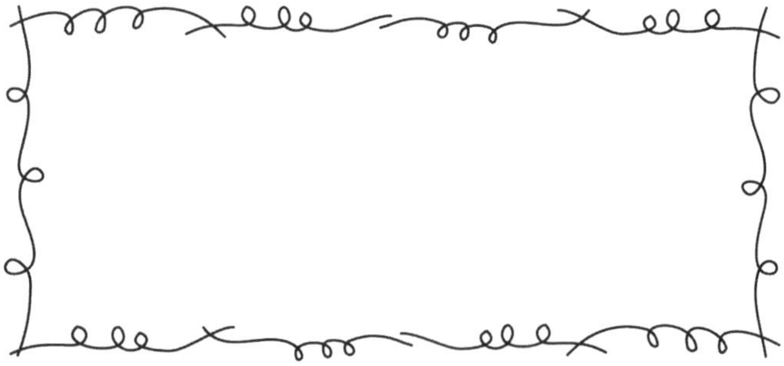
P138-08

P139-01

P139-02

P139-03

P139-04

P139-05

P139-06

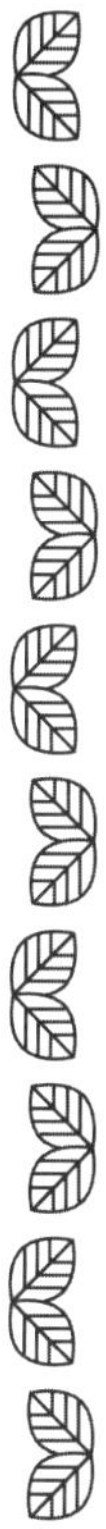
P139-07

P139-08

P139-09

P139-10

P139-11

P139-12

P139-13

P139-14

P139-15

P139-16

メッセージ文字

P140-01

みんななかよし

P140-02

いっしょにあそぼう

P140-03

ともだちだいすき

P140-04

やさしさいっぱい

P140-05

いれて
いいよ

P140-06

みんなあつまれ

P140-07

笑顔がキラキラ

P140-08

ともだちいっぱい

P140-09

みんなにこにこ

P140-10

てをつなごう

P140-11

なかよくあくしゅ

P140-12

すてきな笑顔

P140-13

うれしいね

P140-14

どうぞよろしく

P140-15

たのしかったね

P140-16

あそびにきてね

P140-17

ずっとともだち

P140-18

すてきなおもいで

P140-19

ゆめいっぱい

P140-20

おおきくなったね

P140-21

おもいでありがとう

P140-22
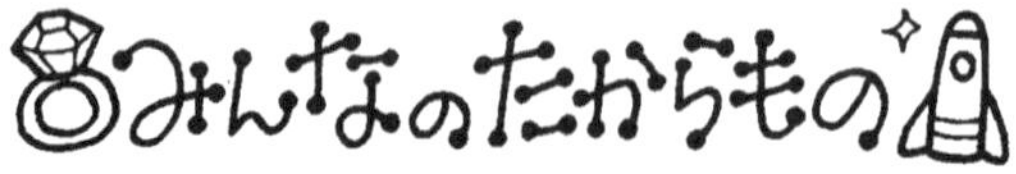
みんなのたからもの

P140-23
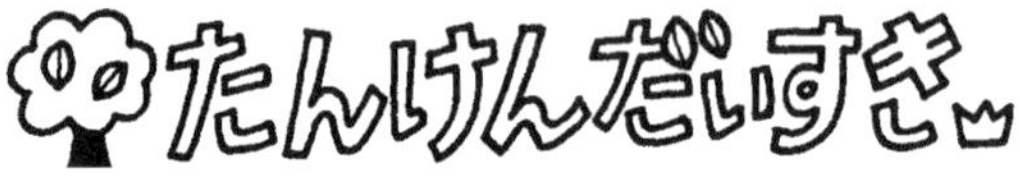
たんけんだいすき

P140-24

いいことみつけた

P140-25

ドキドキ!ワクワク!

P140-26
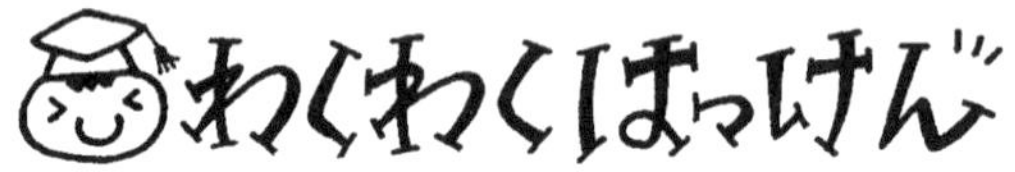
わくわくはっけん

P140-27

わーい!できたよ!

P140-28

げんきにあいさつ

P140-29

おおきくなあれ

P140-30

はい!ポーズ

P140-31

おなかいっぱい

P140-32
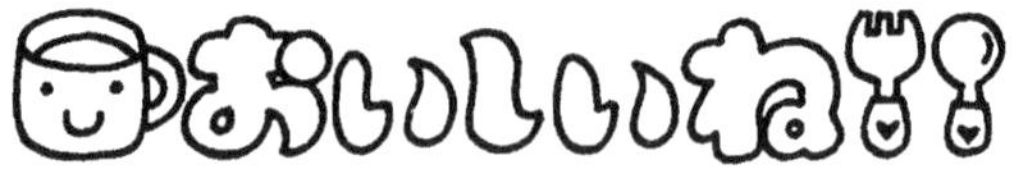
おいしいね

パソコンで作る カンタンおたより

パソコンはよくわからない、という人でも大丈夫！ 付属のCD-ROMのデータを使えば、WordやExcelでカンタンにおたよりが作れます。まずは下の3つの基本操作を覚えたら、WindowsはP.142から、MacintoshはP.152から、カンタンおたより作りを始めましょう！

❗ 覚えておきたいパソコンの基本操作

- **クリック**…マウスのボタン（2つある場合は左ボタン）を1回カチッと押します。
- **ダブルクリック**…マウスのボタン（2つある場合は左ボタン）を2回続けてカチカチッと押します。
- **ドラッグ**…マウスのボタン（2つある場合は左ボタン）を押したまま、マウスを前後左右に動かします。マウスが机やマウスパッドから離れないように注意しながら、すべらせるように動かしましょう。

Windows編

Word

ステップ1	テンプレートを開きましょう!	P.142
ステップ2	文章を変えてみましょう!	P.143
ステップ3	文例に置きかえてみましょう!	P.144
ステップ4	新しく文章を入れてみましょう!	P.145
ステップ5	イラストを差しかえましょう!	P.147
ステップ6	名前をつけて保存しましょう!	P.148
ステップ7	印刷しましょう!	P.148

Excel

ステップ8	文字を入力しましょう!	P.149
ステップ9	行や列の数を変えてみましょう!	P.150
ステップ10	イラストを差しかえましょう!	P.150
ステップ11	名前をつけて保存しましょう!	P.151
ステップ12	印刷しましょう!	P.151

Macintosh編

Word

ステップ1	テンプレートを開きましょう!	P.152
ステップ2	文章を変えてみましょう!	P.153
ステップ3	文例に置きかえてみましょう!	P.154
ステップ4	新しく文章を入れてみましょう!	P.155
ステップ5	イラストを差しかえましょう!	P.157
ステップ6	名前をつけて保存しましょう!	P.158
ステップ7	印刷しましょう!	P.158

Excel

ステップ8	文字を入力しましょう!	P.159
ステップ9	行や列の数を変えてみましょう!	P.160
ステップ10	イラストを差しかえましょう!	P.160
ステップ11	名前をつけて保存しましょう!	P.161
ステップ12	印刷しましょう!	P.161

テンプレートで今すぐおたよりを作ってみよう！

Windows編

※ここでは、Windows XPで動くOffice 2003を使った操作手順を紹介しています。お使いのパソコンの動作環境によって、操作方法や画面表示が異なる場合があります。

付属のCD-ROMには、さまざまな場面で使えるテンプレートが収録されています。文章を変更したり、イラストをかえたりするだけで、簡単にすばやくおたよりを作ることができます。

ステップ1 テンプレートを開きましょう！

使いたいテンプレートをデスクトップにコピーして、開きましょう。ここではP024-01w.docを使う場合を例に説明していきます。

1 CD-ROMをパソコンに入れる

付属のCD-ROMをパソコンのCD-ROMドライブに入れます。CD-ROMを入れる方法は、お使いの機種によって違いますので、説明書などを参照してください。挿入したら「マイ コンピュータ」をダブルクリックします。

2 CD-ROMを開く

CD-ROMのアイコンをダブルクリックすると、CD-ROMの中身が表示されます。

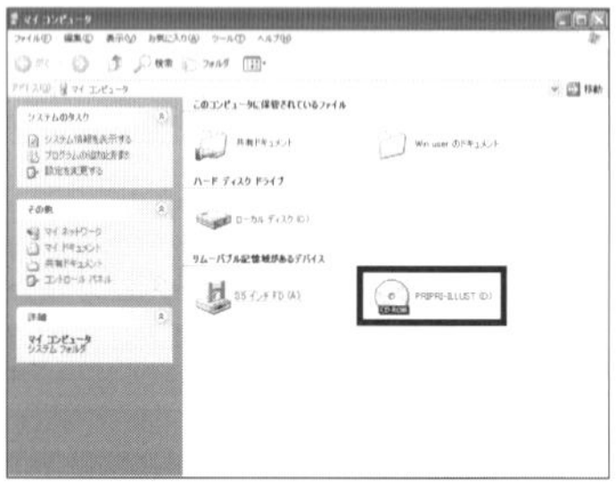

3 テンプレートがあるフォルダを開く

「otayori」→「P024」の順にダブルクリックしてフォルダを開いていきます。

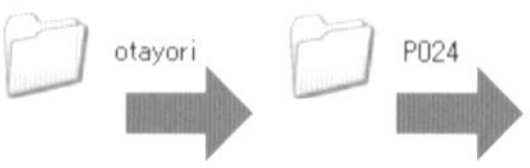

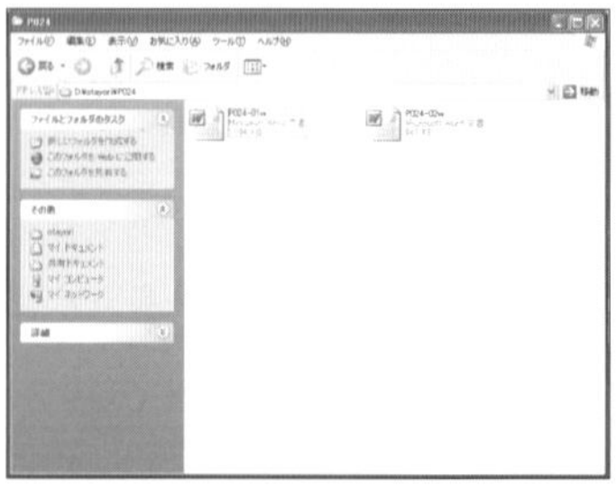

※使いたいファイルがあるフォルダは、本誌各ページの上部をご参照ください。

4 ファイルをデスクトップにコピーする

P024-01w.docをドラッグしてウインドウの外まで持っていき、デスクトップ上でマウスのボタンを離します。

5 ファイルを開く

デスクトップにP024-01w.docが表示されるので、ダブルクリックします。Wordが起動して、ファイルが開きます。

ワンポイント

開いたときに、文字が小さくて見えにくい場合は、画面上部にある「表示(V)」メニューから「ズーム(Z)...」を選んで、表示する「倍率」を大きくしましょう。

ステップ2

文章を変えてみましょう!

テンプレートの文章を変更して、用途に合わせたおたよりにしましょう。ここではP024-01w.docを使って、文章を変更する手順を説明します。

1 テンプレートを開く

ステップ❶の手順を参考に、テンプレートP024-01w.docを開きます。

2 変更したい文字を選択する

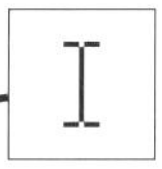

変更したい文字のところへマウスポインタを持っていきます。マウスポインタが上のような形になったところでクリックします。

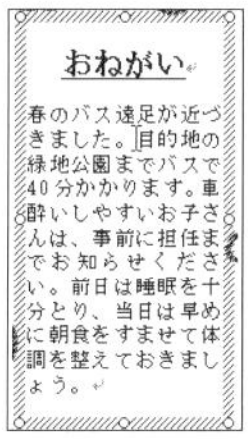

その文章が入っている枠(テキストボックス)が表示されます。

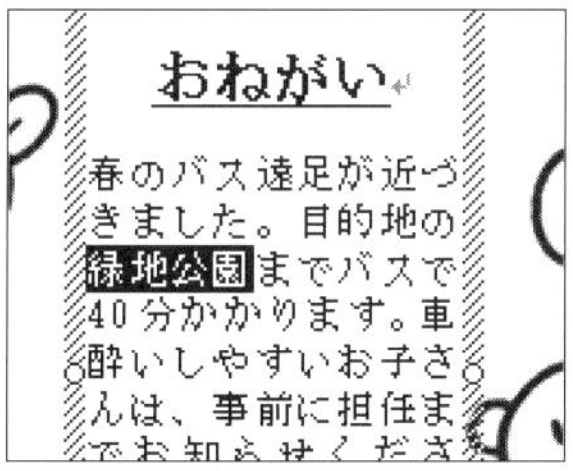

変更したい文字列の先頭でマウスのボタンを押し、変更したい部分の終わりまでドラッグしてボタンを離します。白文字になった部分が選択された状態です。

3 文字を入力する

選択された状態のまま、新しい文字を入力していきます。

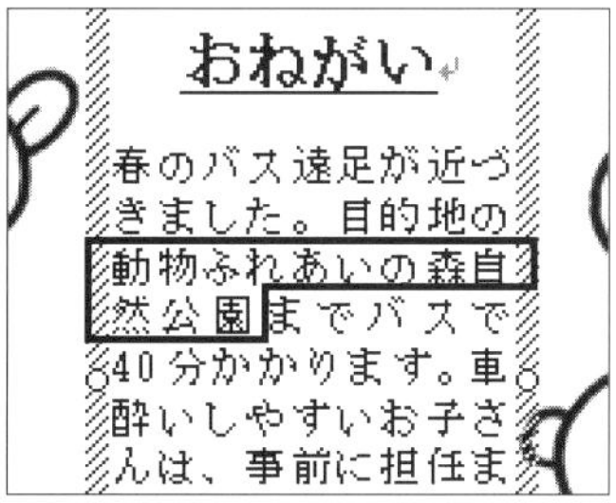

4 テキストボックスのサイズを調整する

文章が入りきらない場合は、テキストボックスのサイズを変えて、最後まで表示されるようにします。テキストボックスの枠の○にマウスポインタを合わせると、マウスポインタが右下図のような形になります。

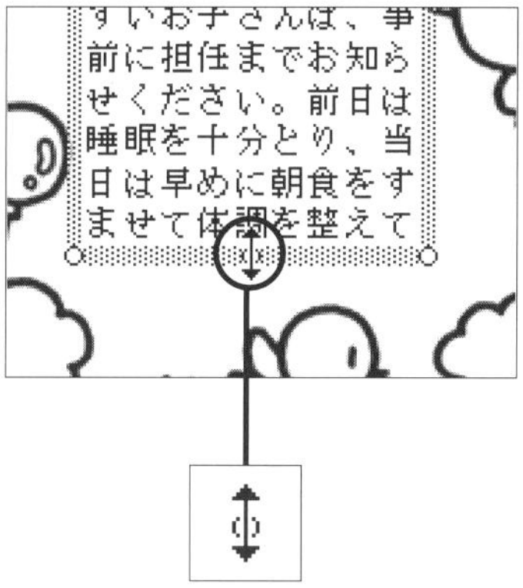

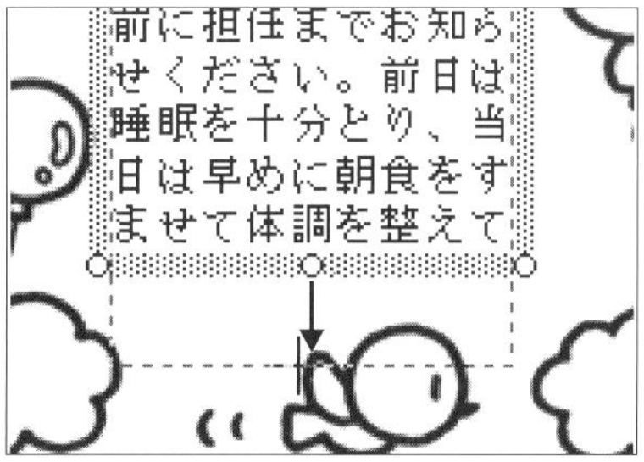

その状態で下へドラッグすると点線の枠が表示され、ドラッグした分だけ枠が広がります。

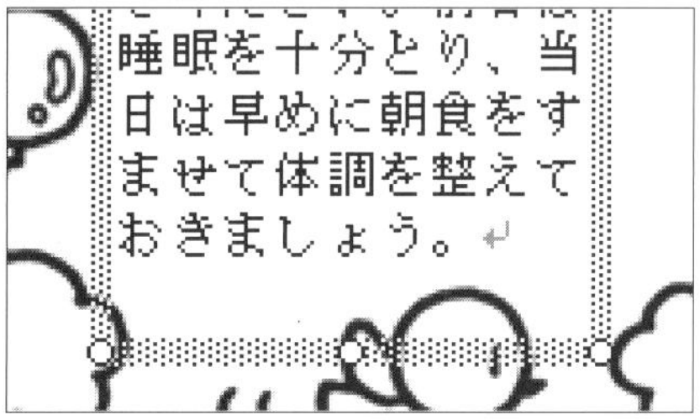

マウスのボタンを離すと、テキストボックスのサイズが変わり、文章がすべて表示されます。

ワンポイント

テキストボックスのサイズは、上下左右に変えることができます。枠にある8つの○にマウスポインタを合わせると、形がそれぞれ下のように変わります。そのまま外側または内側へドラッグすると、テキストボックスのサイズが変わります。

上下方向にサイズを変えられます。

左右方向にサイズを変えられます。

上下左右にサイズを変えられます。

※テキストボックスを大きくしすぎると、イラストと文章が重なってしまう場合があります。その場合は文字のサイズを変える(P.145参照)などしてみましょう。

ステップ3

文例に置きかえてみましょう！

付属のCD-ROMには、いろいろな文例が収録されています。目的に合った文章を選んで、テンプレートの文章と置きかえてみましょう。ここではP055-01w.docとP055-07.txtを使った例を説明します。

1 テンプレートを開く

ステップ❶の手順を参考に、テンプレートP055-01w.docをデスクトップにコピーします。コピーできたら、アイコンをダブルクリックして開きます。

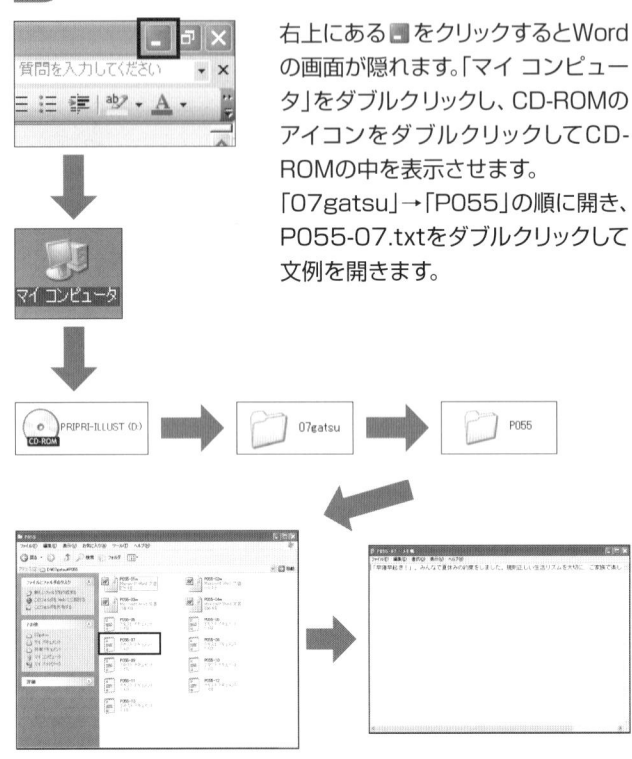

2 文例を開く

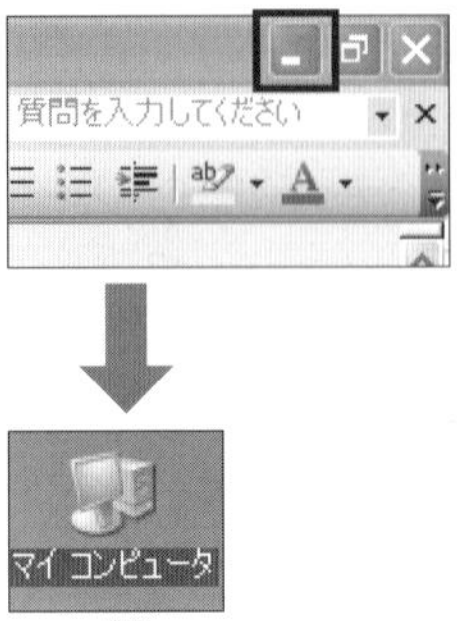

右上にある■をクリックするとWordの画面が隠れます。「マイ コンピュータ」をダブルクリックし、CD-ROMのアイコンをダブルクリックしてCD-ROMの中を表示させます。

「07gatsu」→「P055」の順に開き、P055-07.txtをダブルクリックして文例を開きます。

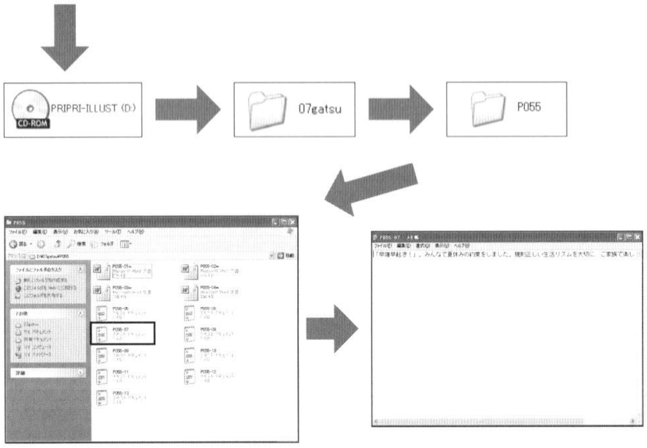

3 文例をコピーする

画面上部にある「編集(E)」メニューから「すべて選択(A)」を選びます。その後、再び「編集(E)」メニューから「コピー (C)」を選択します。

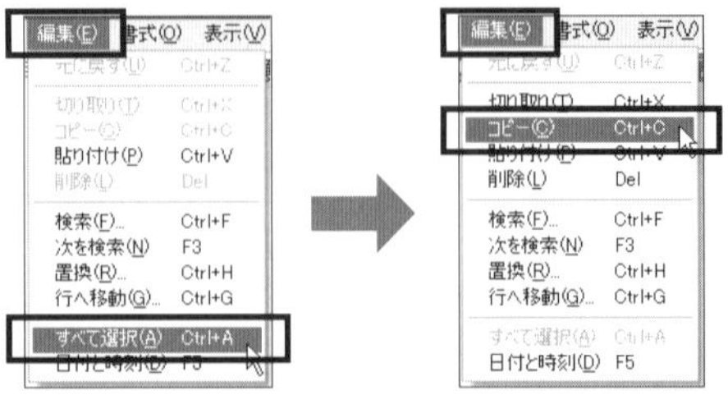

4 Wordに戻る

画面下のWordのバーをクリックして、Wordの画面に戻ります。

5 文例をテンプレートに貼り付ける

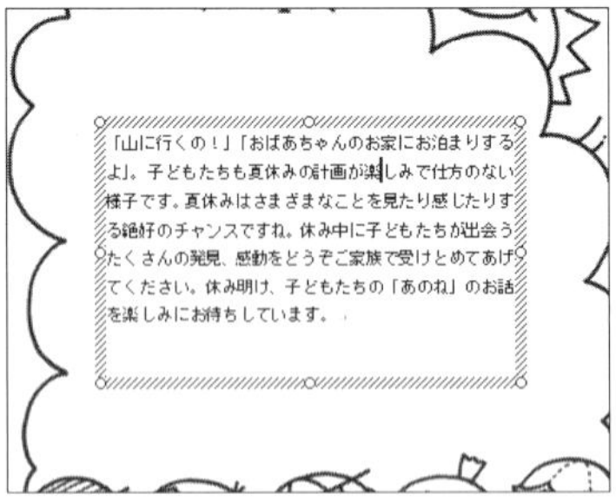

置きかえたい文章をクリックして、その文章が入っているテキストボックスを表示します。

「編集(E)」メニューから「すべて選択(L)」を選び、文章全体が選ばれている状態にします。

※文章を部分的に置きかえたい場合は、その部分をステップ❷の❷の手順で選択します。

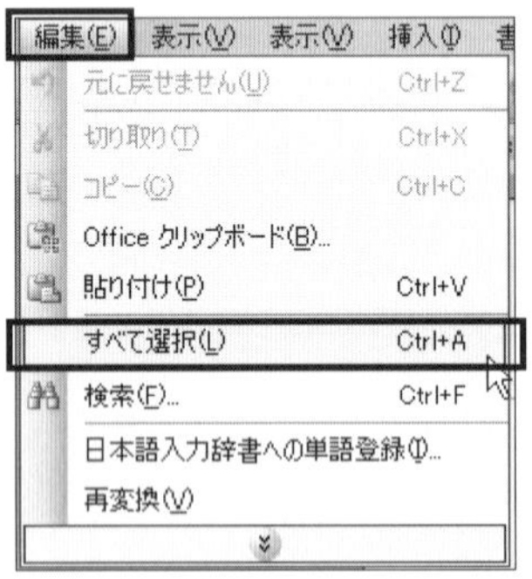

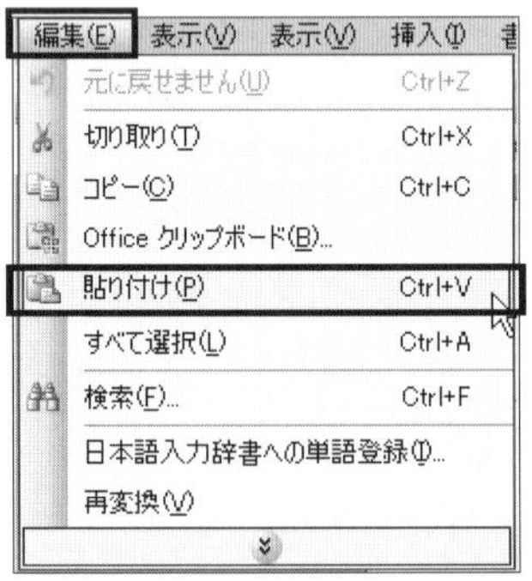

「編集(E)」メニューから「貼り付け(P)」を選択します。

文章全体が、先ほど❷で開いたP55-07.txtの文例に置きかわりました。

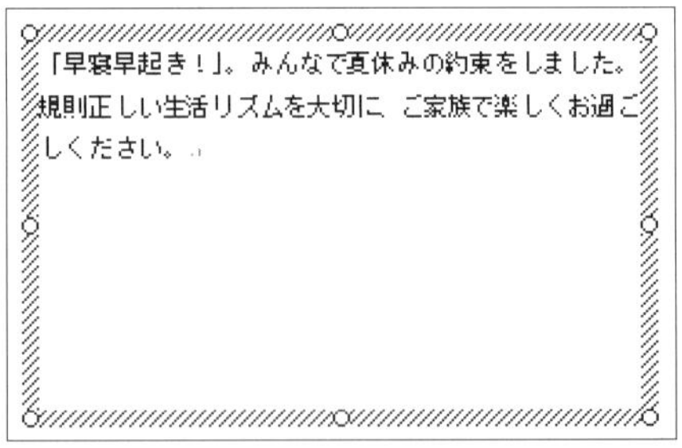

6 文字のサイズを変える

ここでは文字のサイズを大きくして、すきまが目立たないようにしましょう。

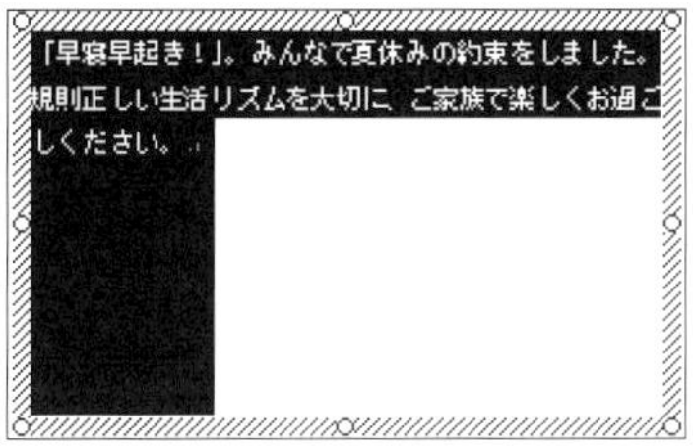
「早寝早起き！」。みんなで夏休みの約束をしました。規則正しい生活リズムを大切に、ご家族で楽しくお過ごしください。

「編集(E)」メニューから「すべて選択(L)」を選び、文章全体が選択されている状態にします。

画面上部の数字の右にある▼をクリックすると、右のように文字サイズが表示されます。ここで「14」を選びます。

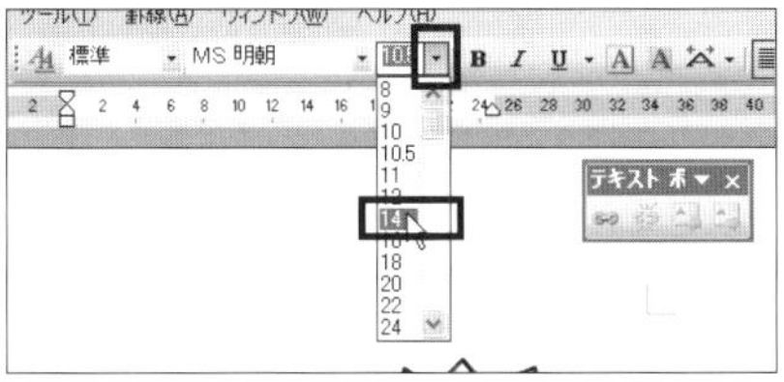
標準
MS 明朝
テキスト ボ

7 テキストボックスの位置を調整する

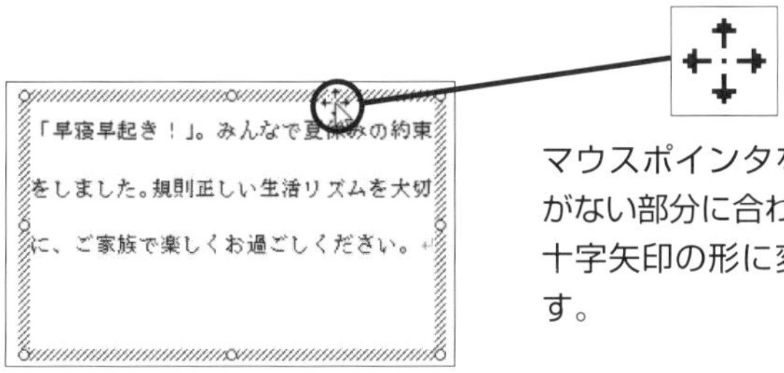
「早寝早起き！」。みんなで夏休みの約束をしました。規則正しい生活リズムを大切に、ご家族で楽しくお過ごしください。

マウスポインタを枠の○がない部分に合わせると、十字矢印の形に変わります。

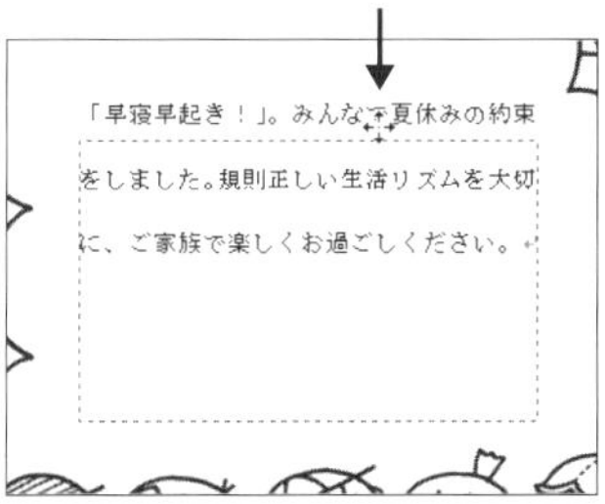
「早寝早起き！」。みんなで夏休みの約束をしました。規則正しい生活リズムを大切に、ご家族で楽しくお過ごしください。

その状態でドラッグして、任意の位置にテキストボックスを動かしましょう。

夏休み
「早寝早起き！」。みんなで夏休みの約束をしました。規則正しい生活リズムを大切に、ご家族で楽しくお過ごしください。

ステップ4 新しく文章を入れてみましょう！

テンプレートのイラストの代わりに文章を入れたい、という場合などには、新しくテキストボックスを作って文章を入れます。ここでは、テンプレートP022-01w.docのイラストを削除して文章を入れてみましょう。

1 テンプレートを開く

ステップ❶の手順を参考に、テンプレートP022-01w.docをデスクトップにコピーします。コピーできたら、アイコンをダブルクリックして開きます。

2 イラストを削除する

●長距離のお散歩にチャレンジする。
うんどうかい

イラストをクリックして選択し、キーボードの「Back Space」キーを押して削除します（詳しくはP.147参照）。

3 テキストボックスを作る

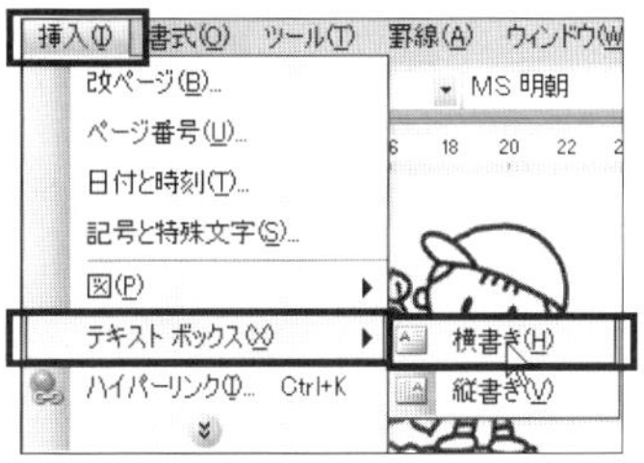
挿入(I)
書式(O)
ツール(T)
罫線(A)
改ページ(B)...
ページ番号(U)...
日付と時刻(T)...
記号と特殊文字(S)...
図(P)
テキスト ボックス(X)
ハイパーリンク(I)... Ctrl+K
横書き(H)
縦書き(V)

画面上部の「挿入(I)」メニューから「テキストボックス(X)」→「横書き(H)」の順に選択します。

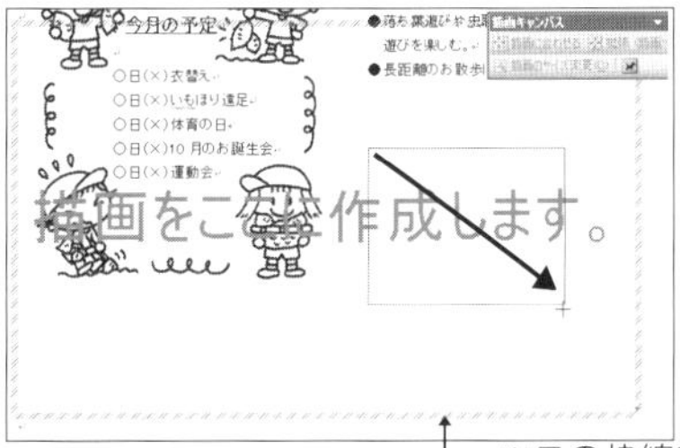
今月の予定
描画をここに作成します。

描画キャンバスが表示されます。その状態で文章を入れたい場所をドラッグします。このとき、レイアウトが乱れますが、後で直ります。

※この枠線で囲まれた範囲を「描画キャンバス」と呼びます。Word 2000では、この枠は表示されません。

ドラッグした範囲に、左図のような新しいテキストボックスができます。

4 文章を入力する

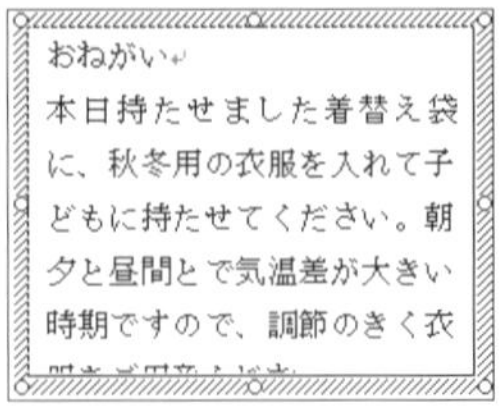

テキストボックスの中に文章を入力します。

5 テキストボックスのサイズを調整する

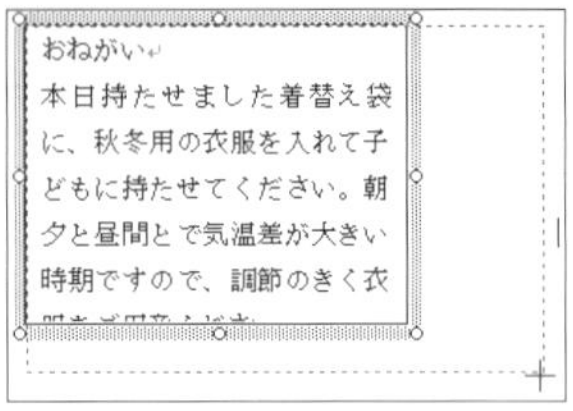

○の部分にマウスポインタを合わせ、形が矢印になったらドラッグして、テキストボックスのサイズを変更します。

6 文字の種類を変更する

文字の種類を変更したい部分をドラッグして選択し、画面上部のツールバーを使って文字の種類を指定します。

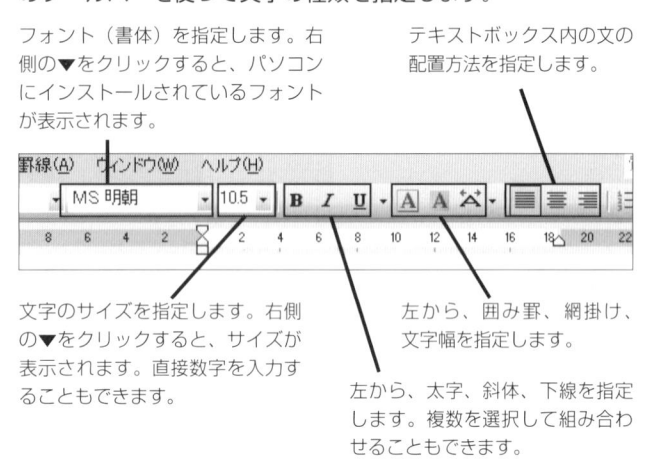

フォント（書体）を指定します。右側の▼をクリックすると、パソコンにインストールされているフォントが表示されます。

テキストボックス内の文の配置方法を指定します。

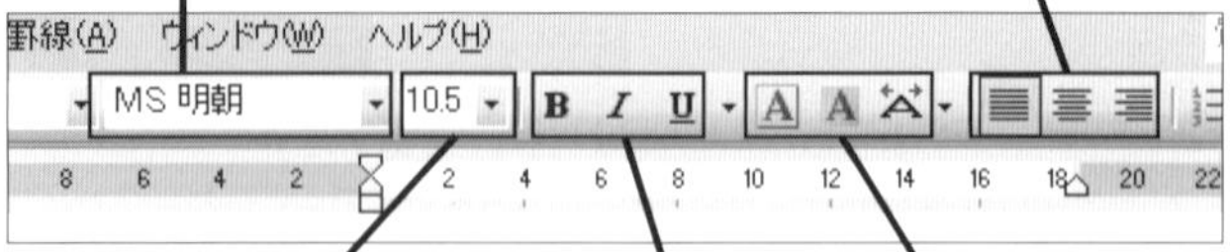

文字のサイズを指定します。右側の▼をクリックすると、サイズが表示されます。直接数字を入力することもできます。

左から、囲み罫、網掛け、文字幅を指定します。

左から、太字、斜体、下線を指定します。複数を選択して組み合わせることもできます。

7 テキストボックスの設定

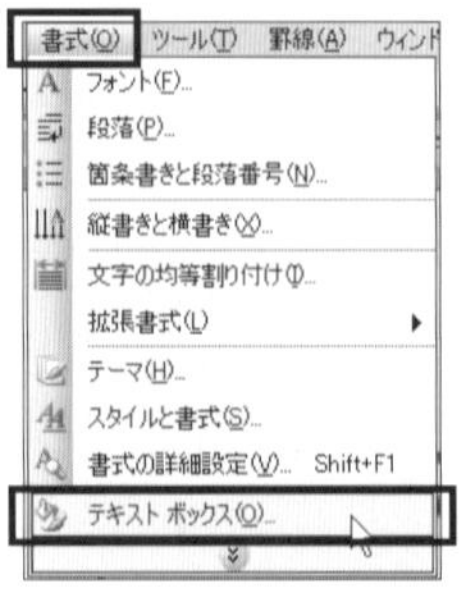

テキストボックスは、あらかじめ枠線がつく設定になっています。その枠線を消すには、「書式(O)」メニューから「テキストボックス(O)」を選択します。選択すると下の画面が表示されます。

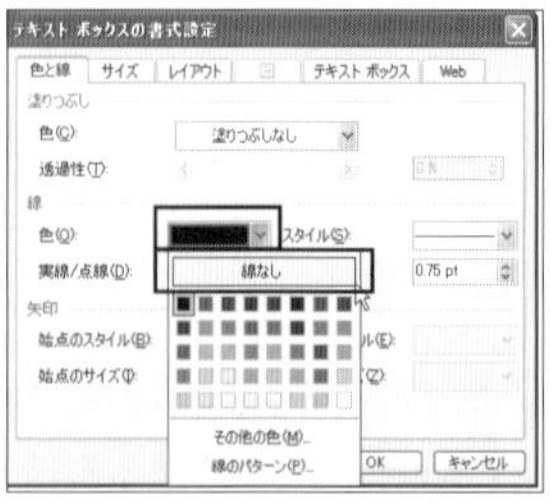

上部で「色と線」を選び、「線」の「色(O)」の右にある▽をクリックして「線なし」を選択し、「OK」をクリックします。

8 描画キャンバスの設定

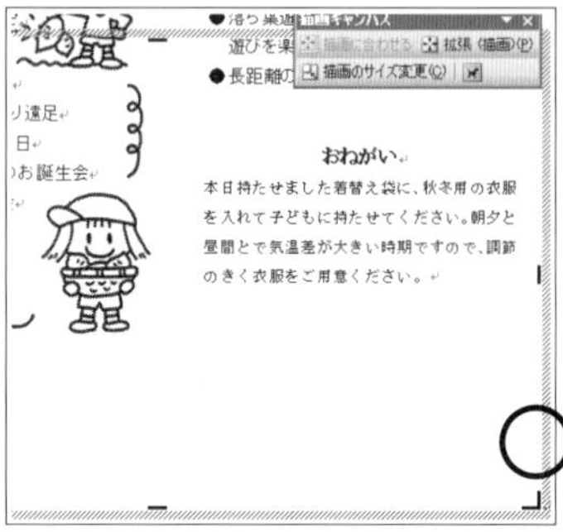

※Word 2000の場合はこの操作はいりません。

テキストボックスの外側にある、描画キャンバスの枠線をクリックして選択します。選択するとテキストボックスの枠線が消えます。

この枠線で囲まれた範囲を「描画キャンバス」と呼びます。

「書式(O)」メニューから「描画キャンバス(D)」を選びます。

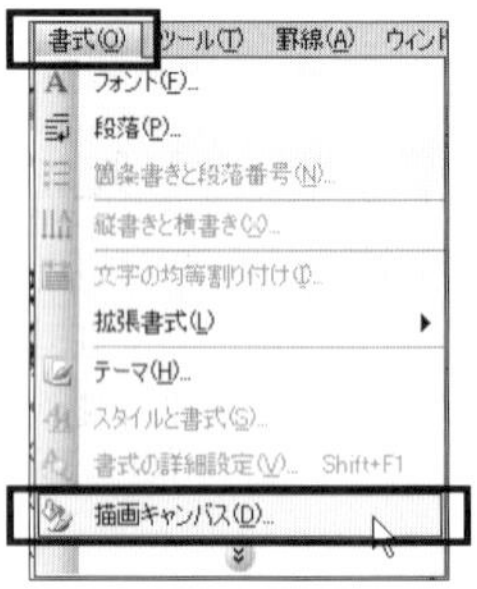

「レイアウト」をクリックし、「背面(B)」をクリックして「OK」をクリックします。

描画キャンバスの枠線がなくなり、レイアウトも元に戻ります。

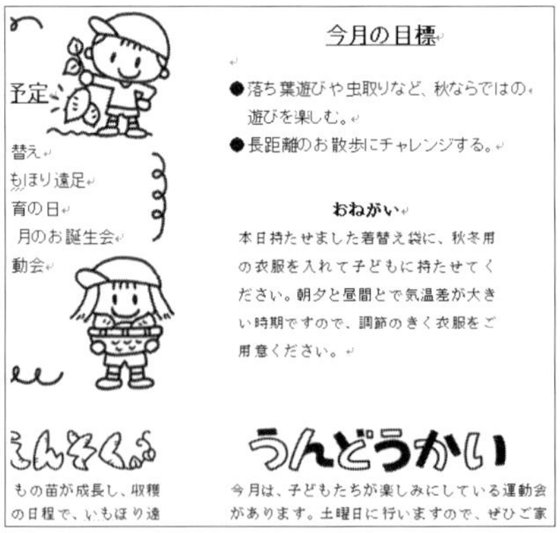

ステップ5

イラストを差しかえましょう！

目的に合ったイラストを付属のCD-ROMから選んで、テンプレートのイラストと置きかえてみましょう。ここではP028-02w.docのイラストをP050-11.jpgに変更する手順を説明します。

1 テンプレートを開く

ステップ❶の手順を参考に、テンプレートP028-02w.docをデスクトップにコピーします。コピーできたら、アイコンをダブルクリックして開きます。

2 変更したいイラストを選択する

変更したいイラストにマウスポインタを合わせ、マウスポインタが十字矢印の形になったらクリックします。周囲に○が出て、そのイラストが選択された状態になります。

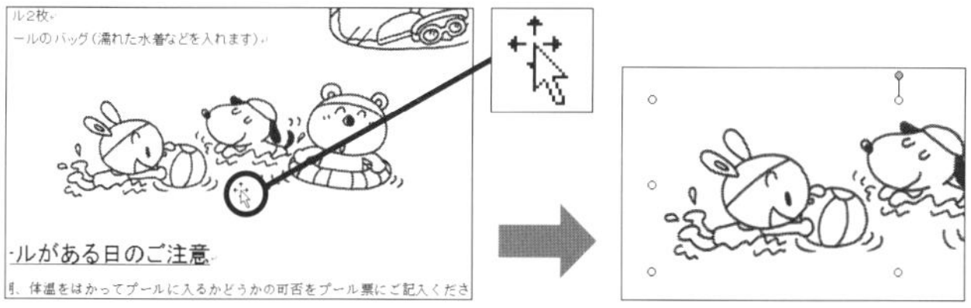

3 イラストを削除する

キーボードの「Back Space」キーを押すとイラストが削除されます。

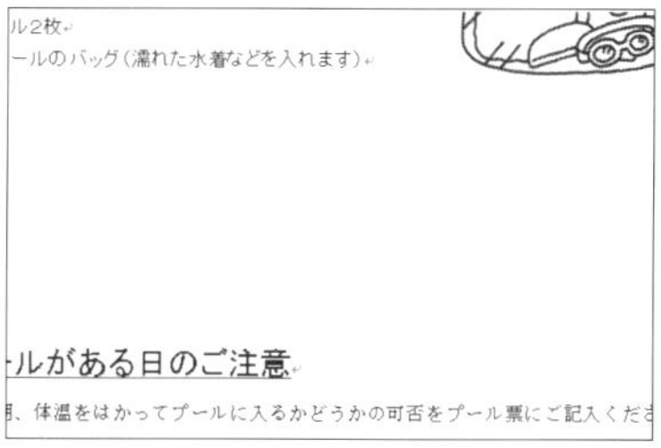

4 図の挿入を選ぶ

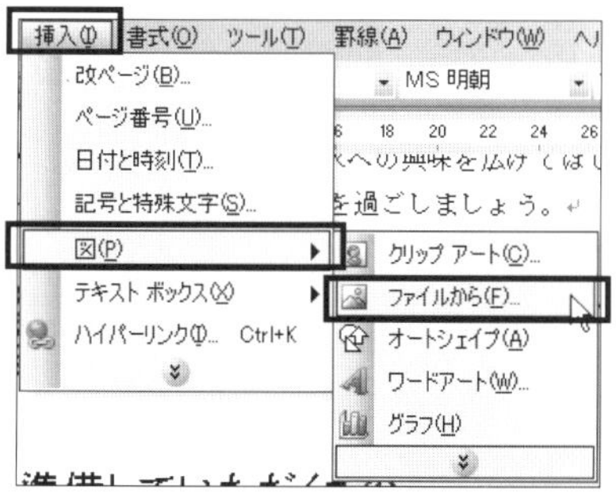

画面上部の「挿入（I）」メニューから「図（P）」→「ファイルから（F）」の順に選択します。

5 入れたいイラストを選ぶ

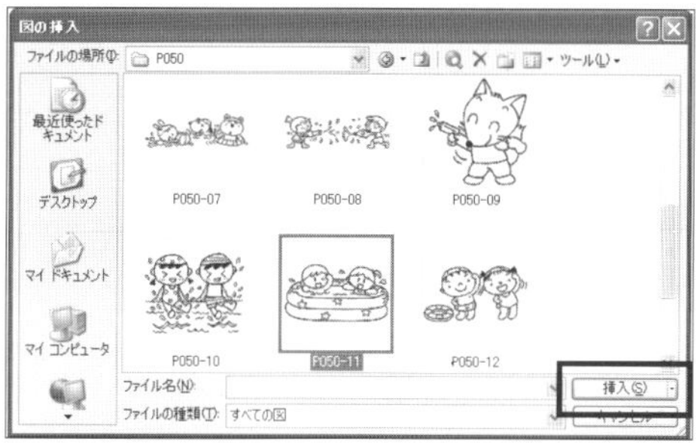

ファイルを選ぶウインドウが開くので、左側で「マイ　コンピュータ」を選び、CD-ROM→「07gatsu」→「P050」→P050-11.jpgの順に選んで「挿入（S）」をクリックします。

ページのレイアウトが変わってしまうことがありますが、次からの手順で直りますので、あわてず作業を続けましょう。

6 図の書式設定をする

挿入されたイラストをクリックすると、イラストの周囲に■が表示された状態になります。

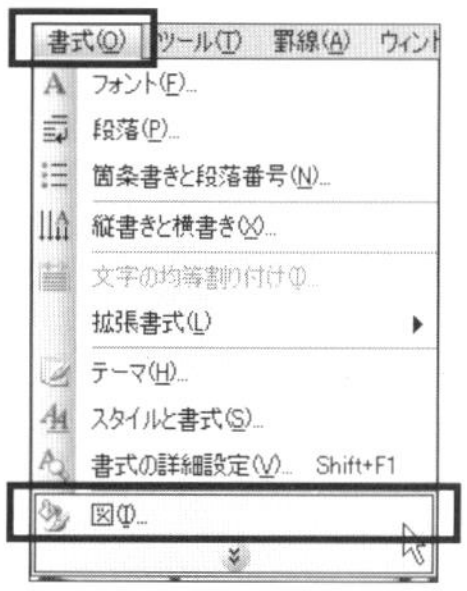

続いて「書式（O）」メニューから「図（I）」を選択して「図の書式設定」ウインドウを開きます。

「レイアウト」をクリックして右の画面にし、「背面（B）」を選んでから「OK」をクリックします。

7 イラストの位置を調整する

イラストが○に囲まれた状態になり、動かせるようになります。

イラストにマウスポインタを合わせ十字矢印の形になったら、目的の場所までドラッグして移動させます。

8 イラストの大きさを変える

イラストは大きさを変えることができます。周囲の○にマウスポインタを合わせると、テキストボックスのときと同じようにマウスポインタの形が変わります。その状態でドラッグすると大きさを変更できます。

四隅の○をドラッグすると、イラストの縦横比を保ったまま、大きさを変えることができます。

上下の○をドラッグすると、横幅を保ったまま、イラストの縦のサイズを変更できます。

左右の○をドラッグすると、高さを保ったまま、イラストの横のサイズを変更できます。

上の緑の○をドラッグすると、イラストを回転できます。※Word 2000にはこの機能はありません。

点線の範囲が変更後のイラストの大きさになります。点線を参考に、イラストの大きさを変えてみましょう。

ステップ 6

名前をつけて保存しましょう！

作ったファイルはわかりやすい名前をつけて保存しておきましょう。あとで変更したり、自分用のひな形として使うことができます。

画面上部の「ファイル(F)」メニューから「名前を付けて保存(A)」を選択します。保存用のウインドウが開きます。

「保存先(I)」の右の▼をクリックしてファイルを保存する場所を選びます。ファイルの名前を入力して「保存(S)」をクリックします。

ステップ 7

印刷しましょう！

パソコンにプリンタをつないで作ったファイルを印刷してみましょう。お使いのプリンタによって機能が異なりますので、プリンタの説明書をよく読んでおきます。

画面上部の「ファイル(F)」メニューから「印刷(P)」を選択すると、印刷用のウインドウが開きます。

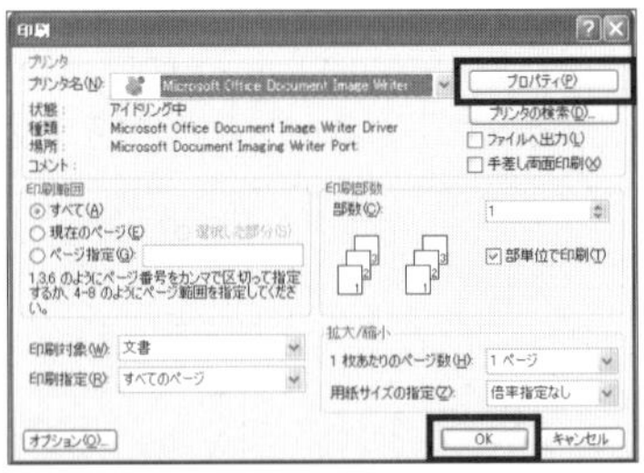

用紙の種類などを選択するには、「プロパティ(P)」をクリックします。詳しい設定方法は、プリンタの説明書を参照しましょう。すべてよければ「OK」をクリックして印刷を始めます。

ステップ8

Excelに文字を入力しましょう！

付属のCD-ROMには名簿などを作るときに便利なExcelのテンプレートも収録されています。ここではP026-01w.xlsを例にExcelでの文字の入力を説明します。

1 テンプレートを開く

ステップ❶の手順を参考に、テンプレートP026-01w.xlsをデスクトップにコピーします。コピーできたら、アイコンをダブルクリックすると、Excelが起動してファイルが開きます。

2 文字を入れる場所を選ぶ

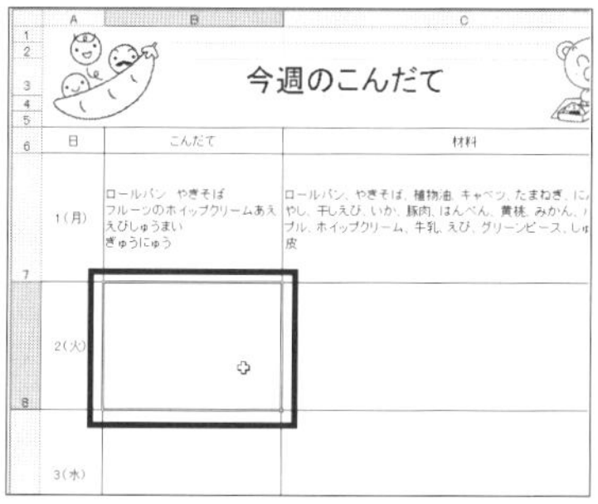

新しく文字を入れたい場所をクリックします。左の図では「8」の段と「B」の段が交差する場所が選ばれています。この区切られた場所を「セル」と呼びます。

3 文字を入力する

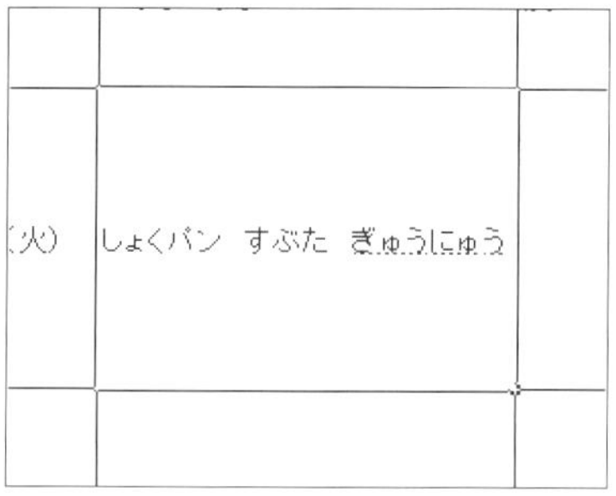

キーボードから文字を入力すると、選んだセルの中に文字が入ります。入力が終わったら、キーボードの「Enter」キーを押すか、別のセルをクリックします。

ワンポイント

Excelは「セル」が縦横にびっしりとタイルのように並んだものです。タイルの一つひとつに、文字や数字を入力することができるというイメージでとらえると、理解しやすいかもしれません。本来は数字を入力して、合計や平均を出すソフトですが、面倒な表を作るために使われることも多いソフトです。「セル」をはじめ耳慣れない用語も多いですが、「セル」以外では横の段を「行」、縦の段を「列」と呼ぶことを覚えておけば、普段使うには十分です。

4 セルの中の文字を変更する

変更したい文字が入っているセルをクリックします。セルの中の文字が画面の上のほうに表示されます。

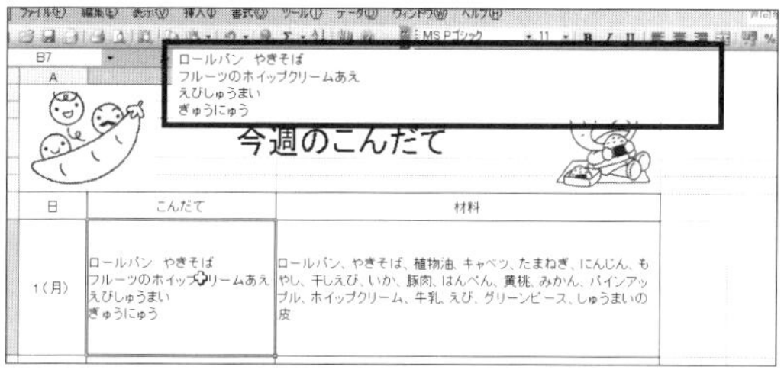

変えたい文字の先頭から末尾までドラッグして、選択された状態にします。

キーボードから文字を入力します。

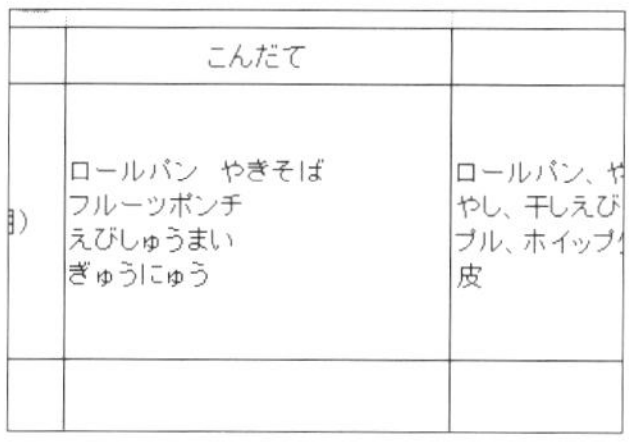

キーボードの「Enter」キーを押すと入力が完了します。これで文字が変更できました。

5 セルの中で改行する

セルの中で改行するには、文字を入力している状態でキーボードの「Alt」キーを押しながら「Enter」キーを押します。すでに文字が入っているセルの場合は、❹を参考に文字の変更ができるようにして、改行したい場所をクリックまたは選択してから、同様に「Alt」「Enter」とキーを押しましょう。

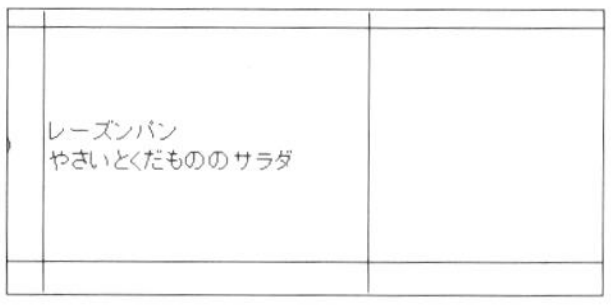

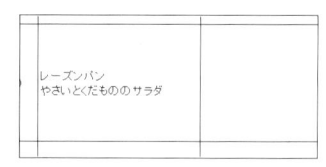

ステップ 9

行や列の数を変えてみましょう!

名簿のテンプレートP027-01w.xlsを使って、クラスの人数に合わせて行の数を変える方法を説明します。列の数を変えるのも、行と同じ手順で行います。

1 テンプレートを開く

ステップ 1の手順を参考に、テンプレートP027-01w.xlsをデスクトップにコピーします。コピーできたら、アイコンをダブルクリックして開き、名簿を入力します。

2 不要な行を削除する

削除したい行を選択するには、セルの左端にある数字（ここでは「37」）をクリックします。

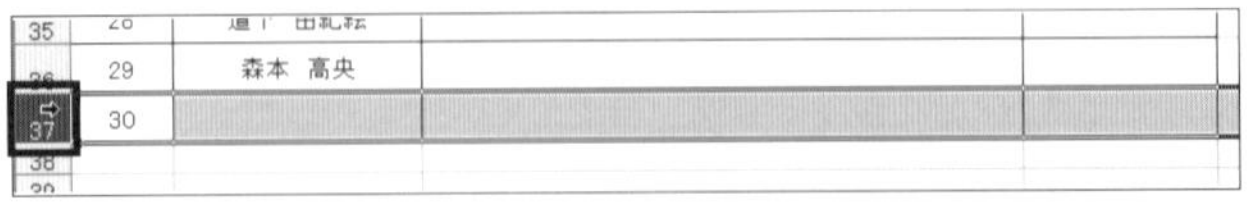

画面上部の「編集(E)」メニューから「削除(D)」を選択します。選択した行が削除されます。列の場合は、画面上のアルファベットをクリックしてから、同様に削除します。

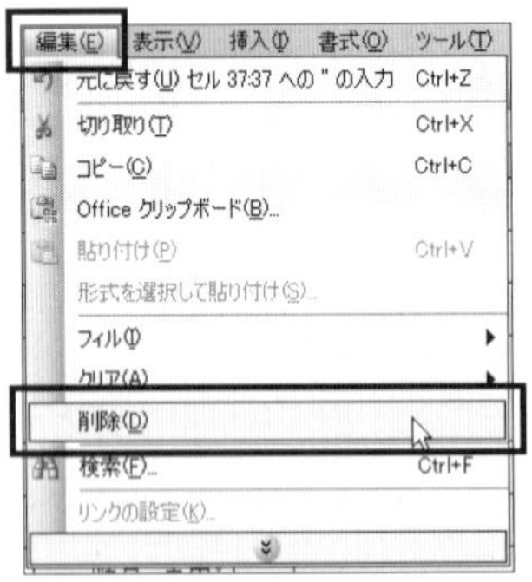

3 行を挿入する

挿入したい場所の行（ここでは「16」）をクリックします。

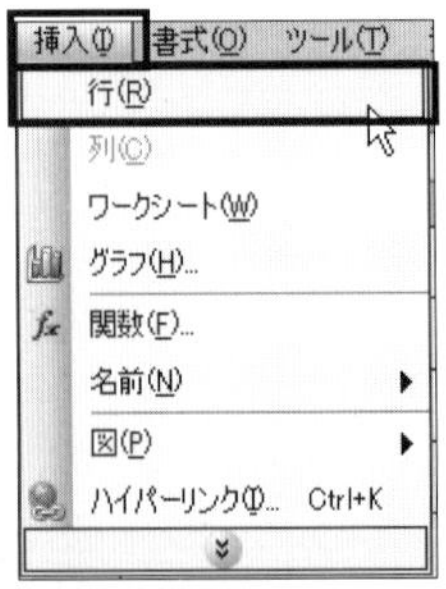

「挿入(I)」メニューから「行(R)」を選ぶと、選択した行の上に新しい行が挿入されます。

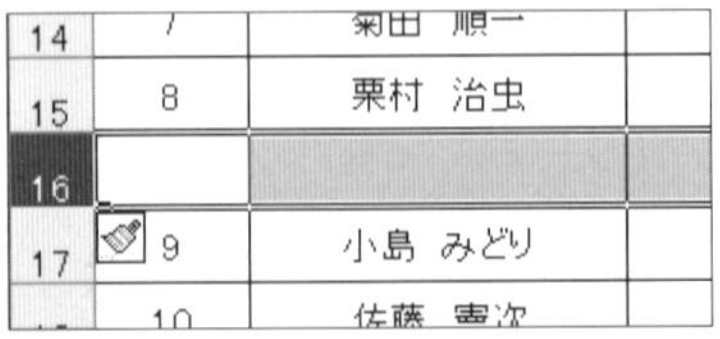

ステップ 10

イラストを差しかえましょう!

名簿のテンプレートP027-01w.xlsを使って、クラスの名前に合ったイラストに差しかえます。ここでは、あらかじめステップ 8の 3 の手順でクラス名を変えてあります。

1 イラストを削除する

イラストにマウスポインタを合わせ、十字矢印の形になったらクリックしてイラストを選択します。周囲に○が表示されていれば、イラストが選択された状態になっています。その状態で「Back Space」キーを押すと、イラストが削除されます。

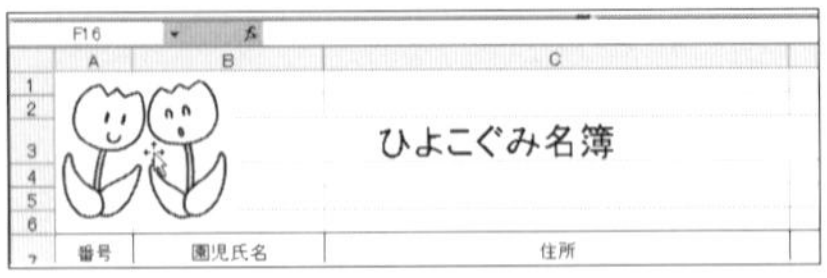

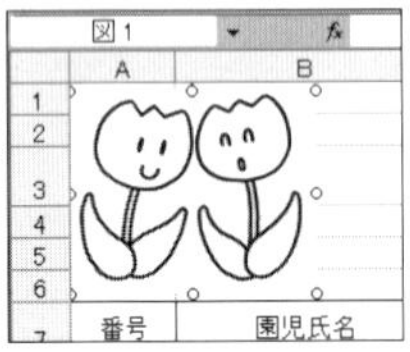

2 イラストを挿入する

画面上部の「挿入(I)」メニューから「図(P)」→「ファイルから(F)」の順に選び、「図の挿入」ウインドウを開きます。

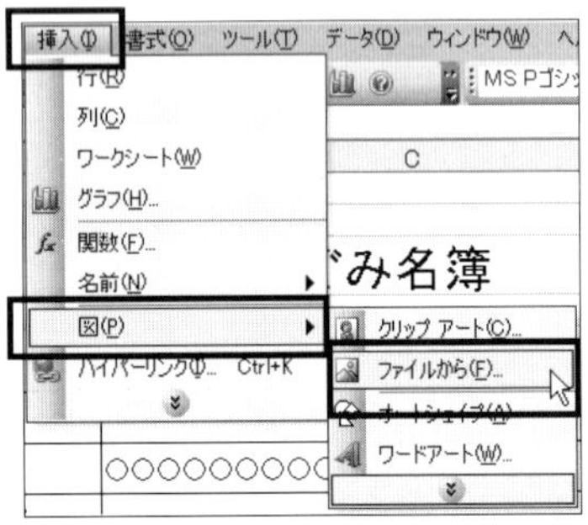

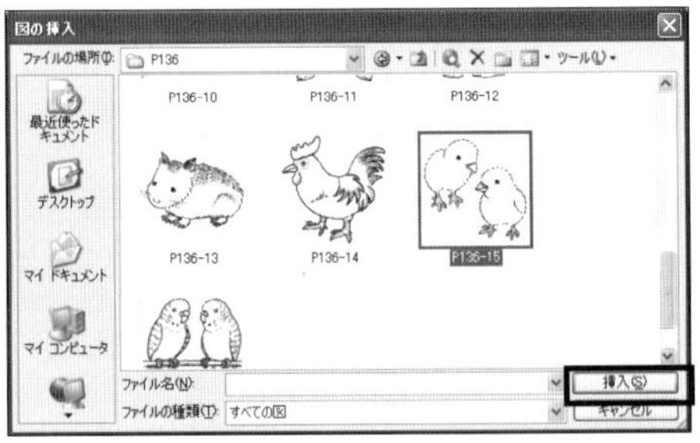

ステップ 5の 5 の手順で挿入したいイラストを選び、「挿入(S)」をクリックすると、イラストが挿入されます。

3 イラストの大きさを調整する

大きさを変えたいイラストをクリックして、周囲に○が出た状態にします。○をドラッグして、大きさを調整しましょう。マウスポインタを○に合わせると形が変わり、Wordのときと同様にイラストの大きさを変えられます（P.148参照）。

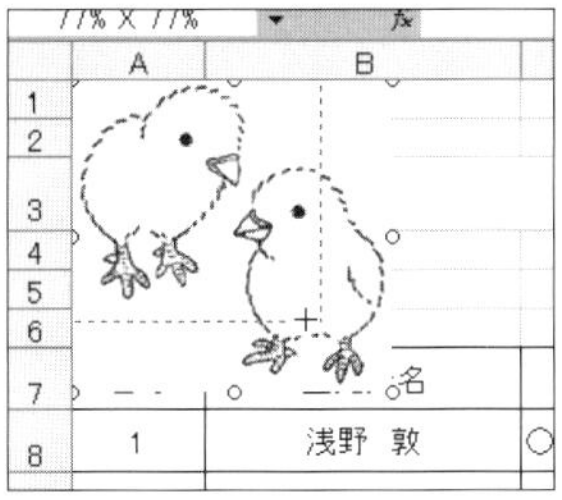

4 イラストを移動する

イラストを目的の位置までドラッグします。

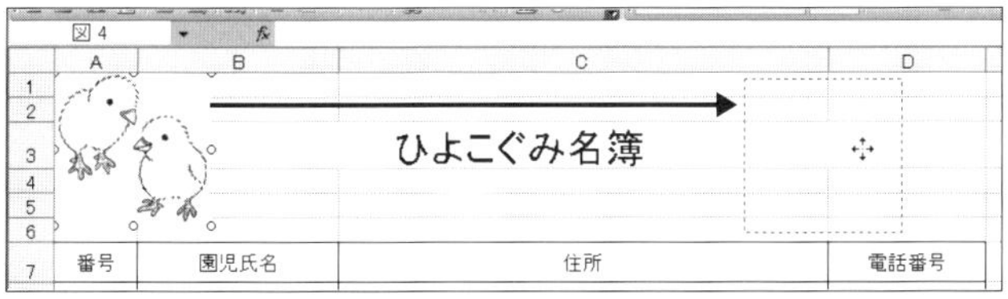

点線を参考に位置を決め、マウスのボタンを離すと、その場所にイラストが移動します。

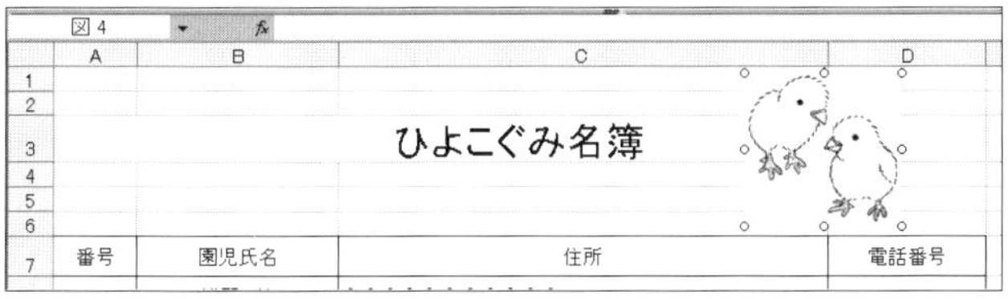

ステップ 11

名前をつけて保存しましょう!

作ったファイルはわかりやすい名前をつけて保存しておきましょう。あとで変更したり、自分用のひな形として使うことができます

画面上部の「ファイル(F)」メニューから「名前を付けて保存(A)」を選択します。保存用のウインドウが開きます。

「保存先(I)」の右にある▼をクリックして、ファイルを保存する場所を選びます。ファイルの名前を入力して「保存(S)」をクリックします。

ステップ 12

印刷しましょう!

パソコンにプリンタをつないで、作ったファイルを印刷してみましょう。お使いのプリンタによって機能が異なりますので、プリンタの説明書をよく読んでおきます。

画面上部の「ファイル(F)」メニューから「印刷(P)」を選択すると、印刷用のウインドウが開きます。

用紙の種類などを選択するには「プロパティ(R)」をクリックします。詳しい設定方法は、プリンタの説明書を参照しましょう。すべてよければ「OK」をクリックして印刷を始めます。

テンプレートで今すぐおたよりを作ってみよう！

Macintosh編

※ここでは、Mac OS Xで動くOffice 2004を使った操作手順を紹介しています。お使いのパソコンの動作環境によって、操作方法や画面表示が異なる場合があります。

付属のCD-ROMには、さまざまな場面で使えるテンプレートが収録されています。文章を変更したり、イラストをかえたりするだけで、簡単にすばやくおたよりを作ることができます。

ステップ1 テンプレートを開きましょう！

使いたいテンプレートをデスクトップにコピーして、開きましょう。ここではP022-01m.docを使う場合を例に説明していきます。

1 CD-ROMをパソコンに入れる

付属のCD-ROMをパソコンのCD-ROMドライブに入れます。CD-ROMを入れる方法は、お使いの機種によって違いますので、説明書などを参照してください。CD-ROMを入れると、デスクトップにCD-ROMのアイコンが表示されます。

2 CD-ROMを開く

CD-ROMのアイコンをダブルクリックすると、ウインドウが開いてCD-ROMの中身が表示されます。

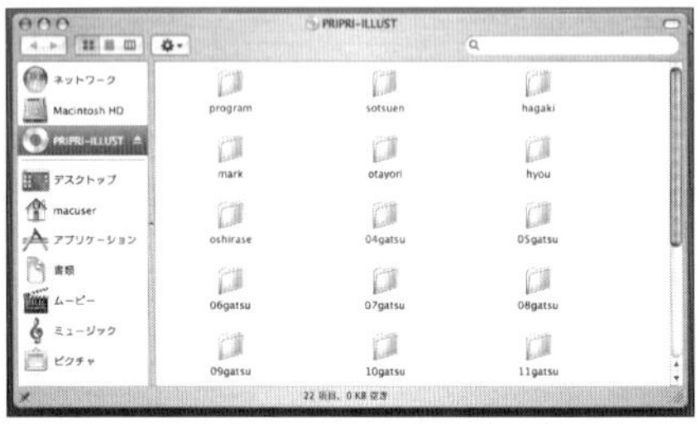

3 テンプレートがあるフォルダを開く

「otayori」→「P022」の順にダブルクリックしてフォルダを開いていきます。

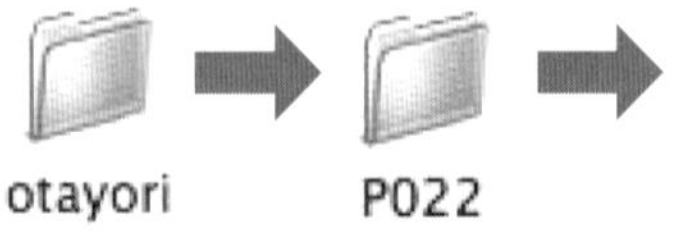

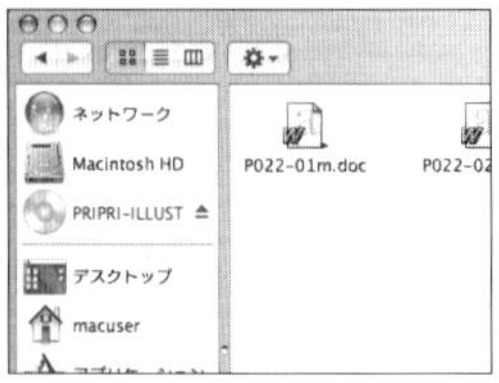

※使いたいファイルがあるフォルダは、本誌各ページの上部をご参照ください。

4 ファイルをデスクトップにコピーする

P022-01m.docをドラッグして、左の「デスクトップ」の上で離します（OS9以前の場合は、アイコンをウインドウの外のデスクトップ上へドラッグします）。

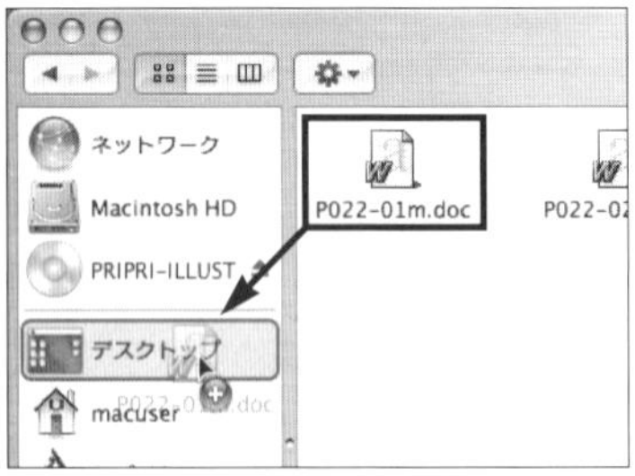

5 ファイルを開く

デスクトップにP022-01m.docが表示されるので、ダブルクリックします。Wordが起動して、ファイルが開きます。

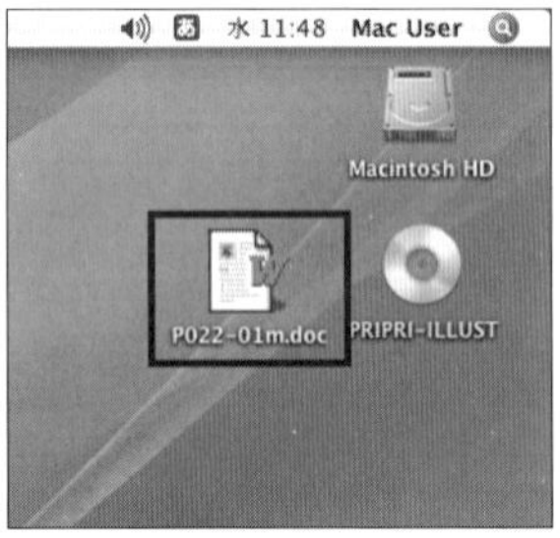

ワンポイント

開いたときに、文字が小さくて見えにくい場合は、画面上部にある「表示」メニューから「ズーム...」を選んで、表示する「倍率」を大きくしましょう。

ステップ 2

文章を変えてみましょう!

テンプレートの文章を変更して、用途に合わせたおたよりにしましょう。ここではP022-01m.docを使って、文章を変更する手順を説明します。

1 テンプレートを開く

ステップ ❶ の手順を参考に、テンプレートP022-01m.docを開きます。

2 変更したい文字を選択する

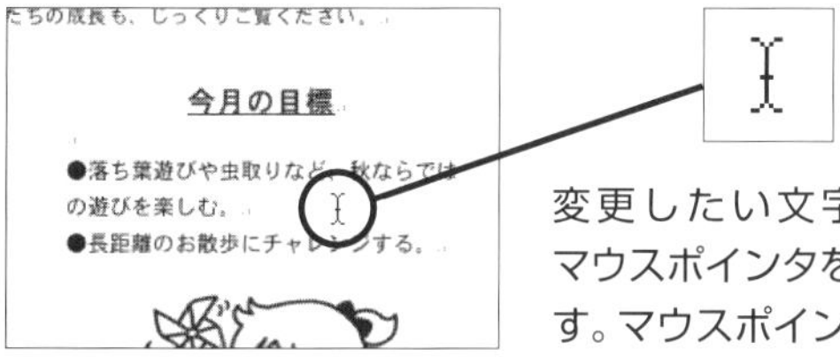
今月の目標
●落ち葉遊びや虫取りなど、秋ならでは
の遊びを楽しむ。
●長距離のお散歩にチャレンジする。

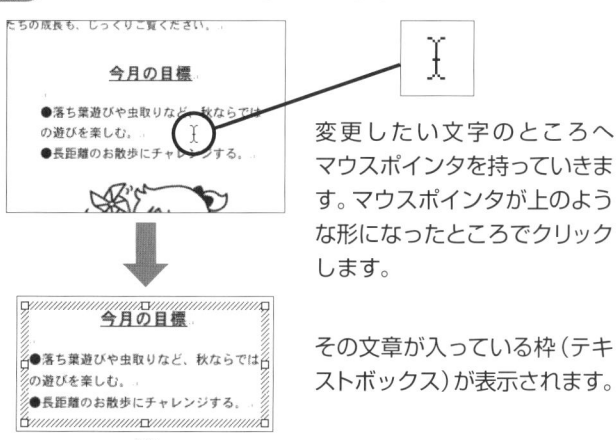

変更したい文字のところへマウスポインタを持っていきます。マウスポインタが上のような形になったところでクリックします。

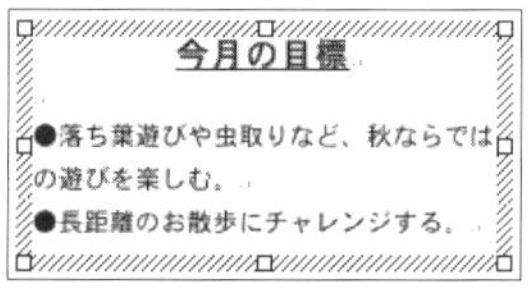
今月の目標
●落ち葉遊びや虫取りなど、秋ならでは
の遊びを楽しむ。
●長距離のお散歩にチャレンジする。

その文章が入っている枠（テキストボックス）が表示されます。

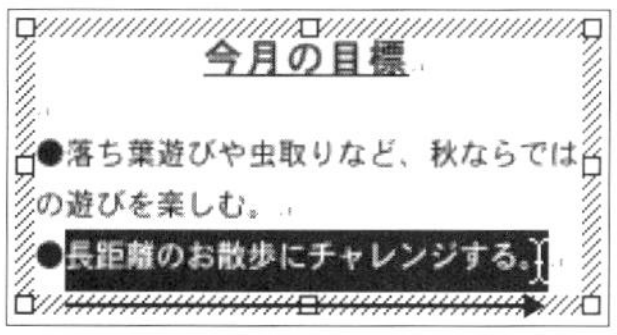
今月の目標
●落ち葉遊びや虫取りなど、秋ならでは
の遊びを楽しむ。
●長距離のお散歩にチャレンジする。

変更したい文字列の先頭でマウスのボタンを押し、変更したい部分の終わりまでドラッグしてボタンを離します。白文字になった部分が選択された状態です。

3 文字を入力する

選択された状態のまま、新しい文字を入力していきます。

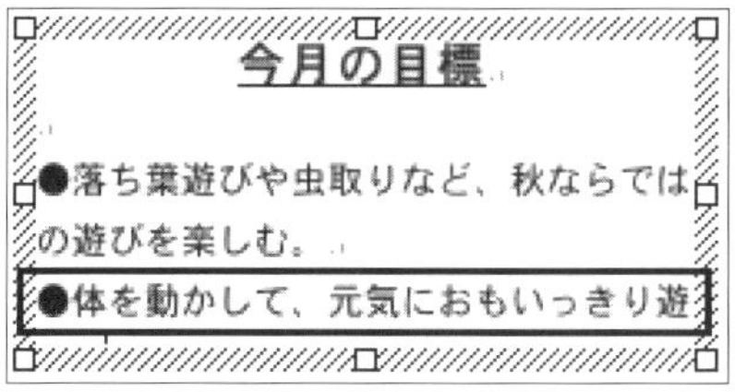
今月の目標
●落ち葉遊びや虫取りなど、秋ならでは
の遊びを楽しむ。
●体を動かして、元気におもいっきり遊

4 テキストボックスのサイズを調整する

文章が入りきらない場合は、テキストボックスのサイズを変えて、最後まで表示されるようにします。テキストボックスの枠の□にマウスポインタを合わせると、形が右図のようになります。

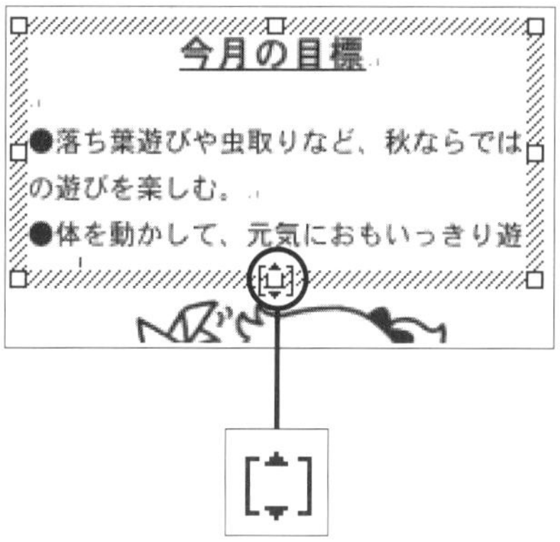
今月の目標
●落ち葉遊びや虫取りなど、秋ならでは
の遊びを楽しむ。
●体を動かして、元気におもいっきり遊

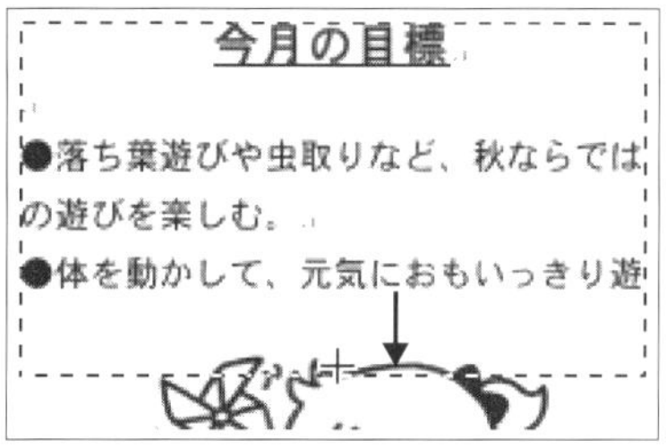
今月の目標
●落ち葉遊びや虫取りなど、秋ならでは
の遊びを楽しむ。
●体を動かして、元気におもいっきり遊

その状態で下へドラッグすると点線の枠が表示され、ドラッグした分だけ枠が広がります。

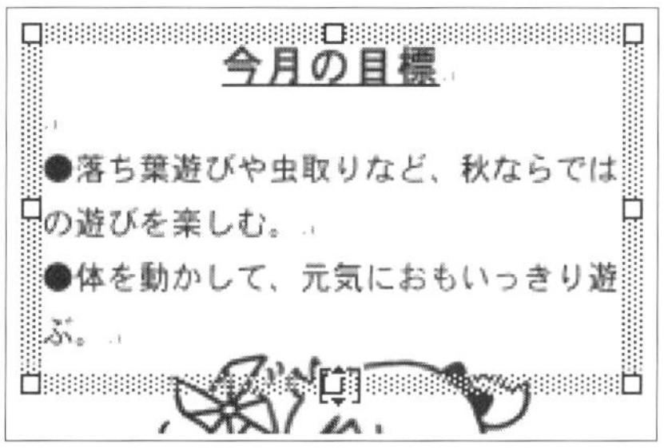
今月の目標
●落ち葉遊びや虫取りなど、秋ならでは
の遊びを楽しむ。
●体を動かして、元気におもいっきり遊
ぶ。

マウスのボタンを離すと、テキストボックスのサイズが変わり、文章がすべて表示されます。

ワンポイント

テキストボックスのサイズは、上下左右に変えることができます。枠にある8つの□にマウスポインタを合わせると、形がそれぞれ下のように変わります。そのまま外側または内側へドラッグすると、テキストボックスのサイズが変わります。

上下方向にサイズを変えられます。

左右方向にサイズを変えられます。

上下左右にサイズを変えられます。

※テキストボックスを大きくしすぎると、イラストと文章が重なってしまう場合があります。その場合は文字のサイズを変える（P.155参照）などしてみましょう。

ステップ 3

文例に置きかえてみましょう！

付属のCD-ROMには、いろいろな文例が収録されています。目的に合った文章を選んで、テンプレートの文章と置きかえてみましょう。ここではP113-01m.docとP113-07.txtを使った例を説明します。

1 テンプレートを開く

ステップ ❶ の手順を参考に、テンプレートP113-01m.docをデスクトップにコピーします。コピーできたら、アイコンをダブルクリックして開きます。

2 文例を開く

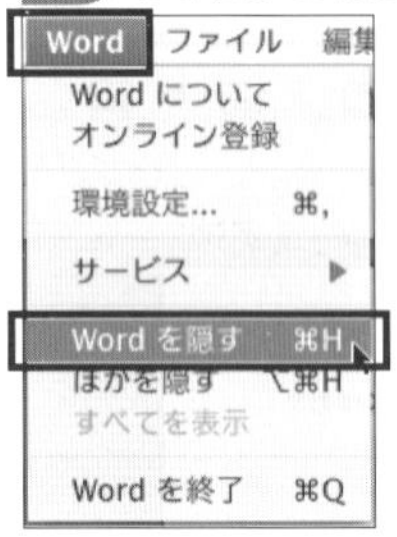

「Word」メニューから「Wordを隠す」を選び、デスクトップ表示に戻ります（OS9以前の場合は、メニューバー右端のWordアイコンをクリックして「Wordを隠す」を選びます）。CD-ROMのアイコンをダブルクリックし、CD-ROMの中身を表示させます。「gyou-ji」→「P113」の順に開き、P113-07.txtをダブルクリックして文例を開きます。

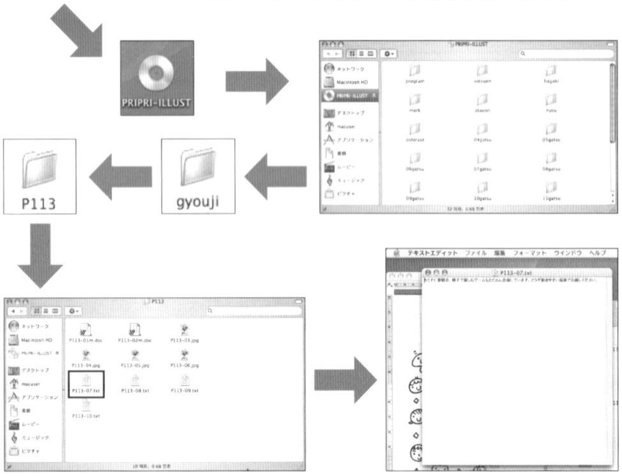

3 文例をコピーする

「編集」メニューから「すべてを選択」を選びます。その後、再び「編集」メニューから「コピー」を選択します。

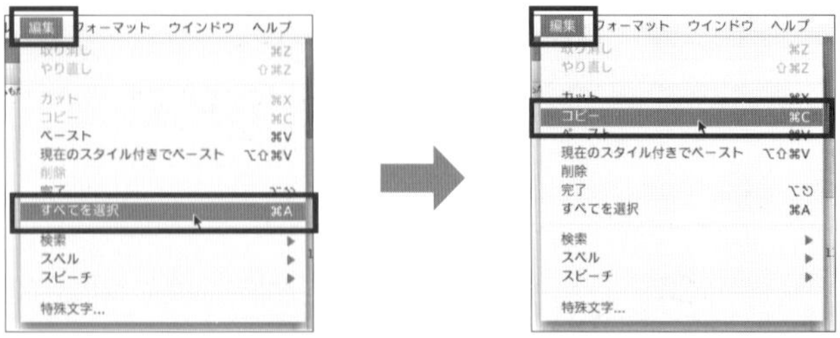

4 Wordに戻る

画面下のWordのアイコンをクリックして、Wordの画面に戻ります（OS9以前の場合は、メニューバー右端のアイコンをクリックして「Word」を選びます）。

5 文例をテンプレートにペーストする

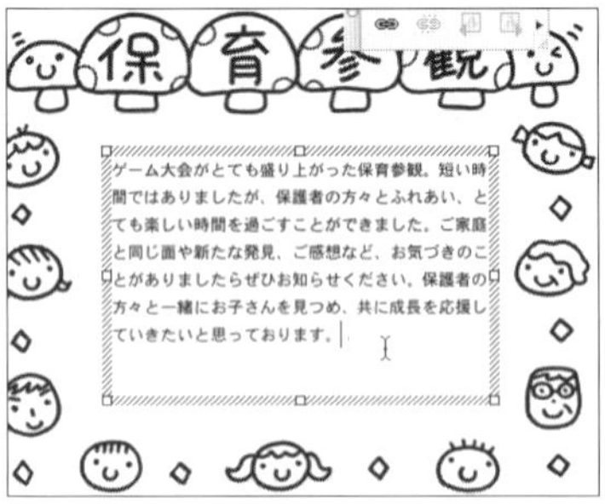

置きかえたい文章をクリックして、その文章が入っているテキストボックスを表示します。

「編集」メニューから「すべてを選択」を選び、文章全体が選ばれている状態にします。

※文章を部分的に置きかえたい場合は、その部分をステップ ❷ の 2 の手順で選択します。

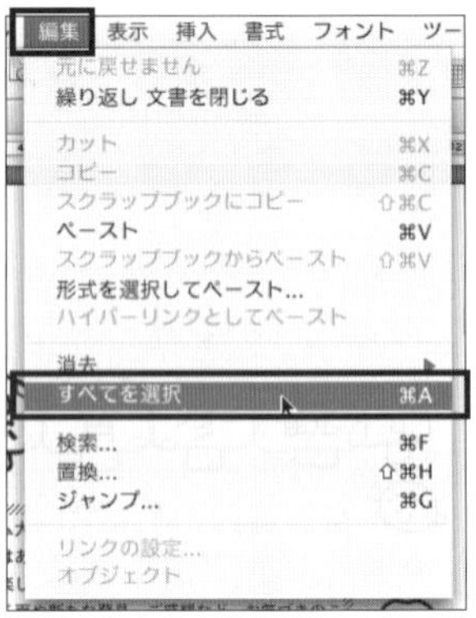

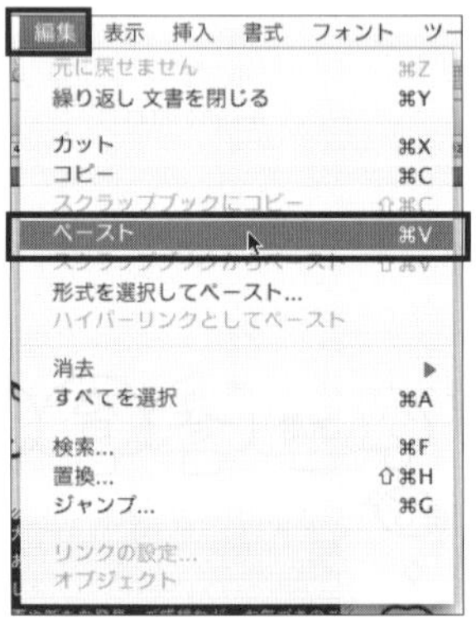

「編集」メニューから「ペースト」を選択します。

文章全体が、先ほど 2 で開いたＰ113-07.txtの文例に置きかわりました。

6 文字のサイズを変える

ここでは文字のサイズを大きくして、すきまが目立たないようにしましょう。

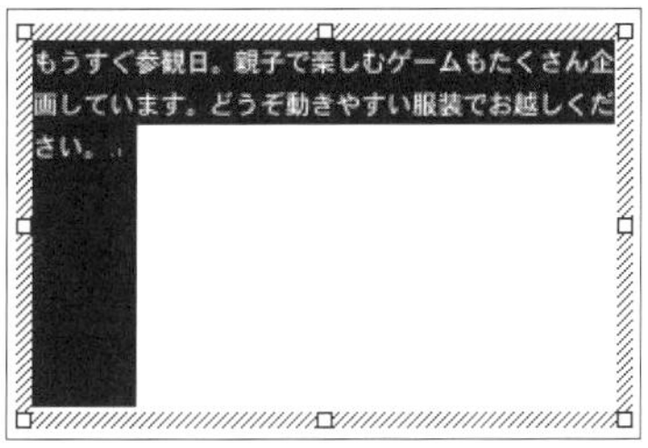

「編集」メニューから「すべてを選択」を選び、文章全体が選択されている状態にします。

設定パレットの「サイズ」の右にある▼をクリックすると、右のように文字サイズが表示されます。☑がついている数字が、現在の文字の大きさを表しています。ここで「14」を選びます。

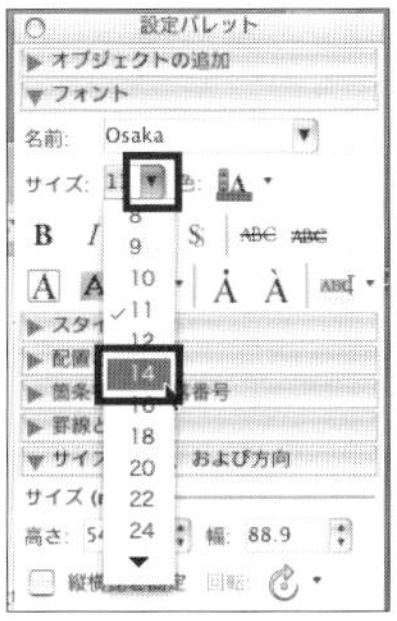

7 テキストボックスの位置を調整する

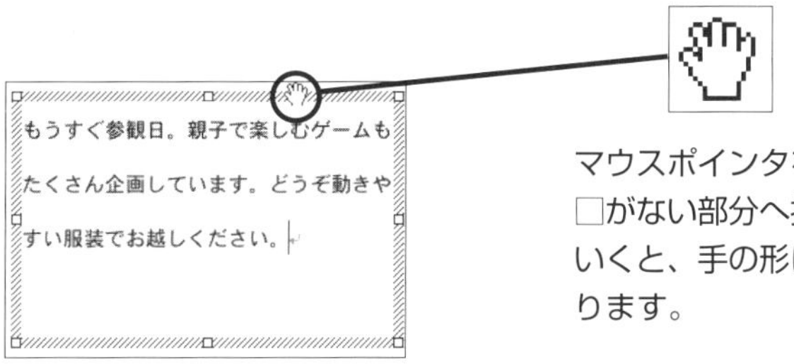

マウスポインタを枠の□がない部分へ持っていくと、手の形に変わります。

その状態でドラッグして、任意の位置にテキストボックスを動かしましょう。

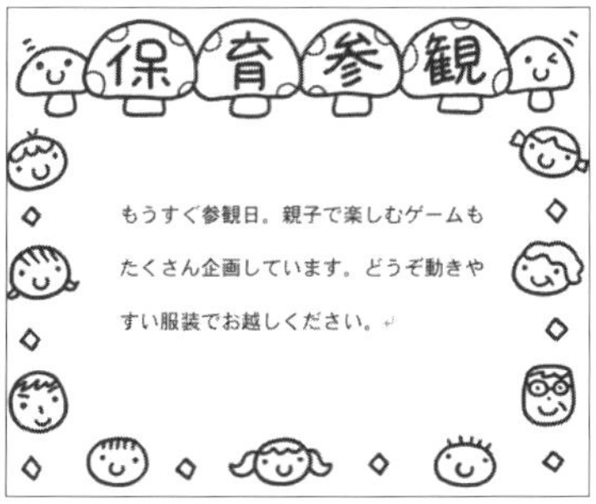

ステップ 4

新しく文章を入れてみましょう！

テンプレートのイラストの代わりに文章を入れたい、という場合などには、新しくテキストボックスを作って文章を入れます。ここでは、テンプレートP022-01m.docのイラストを削除して文章を入れてみましょう。

1 テンプレートを開く

ステップ ❶ の手順を参考に、テンプレートP022-01m.docをデスクトップにコピーします。コピーできたら、アイコンをダブルクリックして開きます。

2 イラストを削除する

イラストをクリックして選択し、キーボードの「delete」キーを押して削除します（詳しくはP.157参照）。

3 テキストボックスを作る

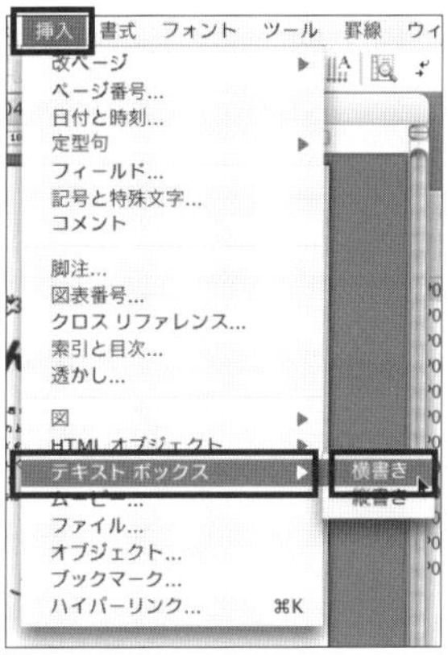

画面上部の「挿入」メニューから「テキストボックス」→「横書き」の順に選択します。

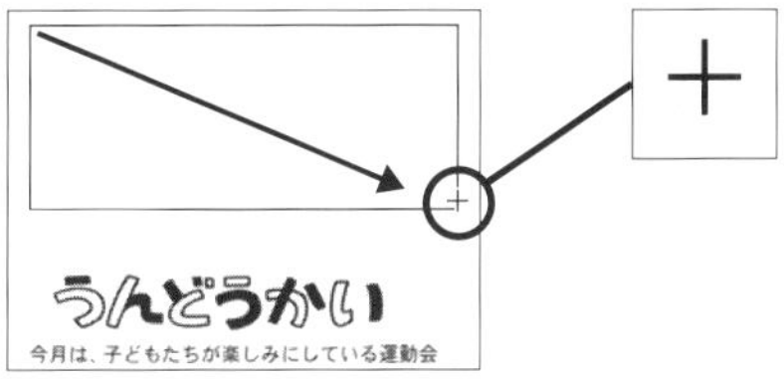

マウスポインタが左図のように十字の形に変わります。その状態で文章を入れたい場所をドラッグします。

ドラッグした範囲に新しいテキストボックスができます。

4 文章を入力する

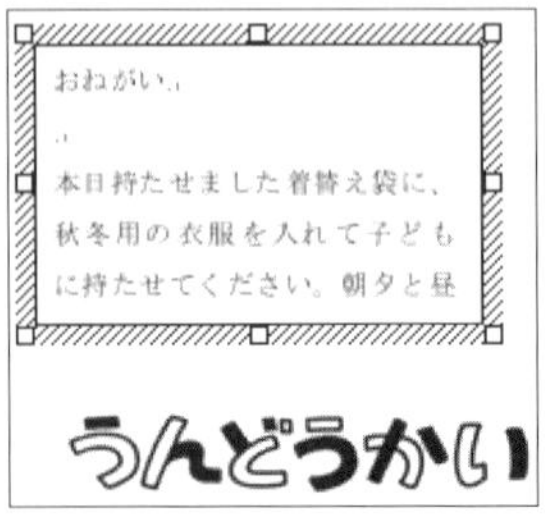

テキストボックスの中に文章を入力します。

5 テキストボックスのサイズを調整する

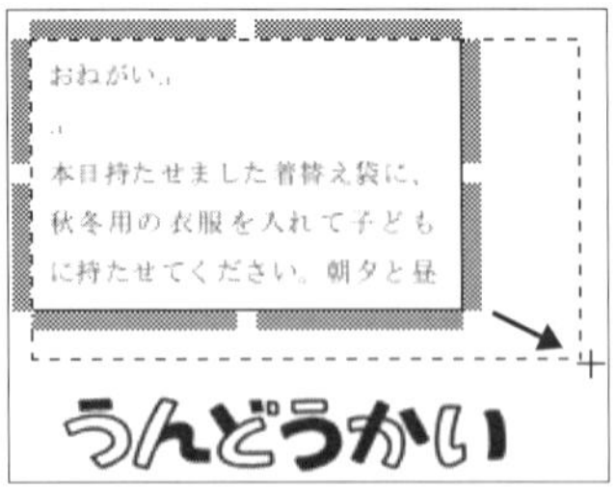

□の部分にマウスポインタを合わせ、形が変わったらドラッグして、テキストボックスのサイズを変更します。

6 文字の種類を変更する

文字の種類を変更したい部分をドラッグして選択します。文章全体を変更する場合は、「編集」メニューから「すべてを選択」を選ぶと便利です。

続いて「設定パレット」で文字の種類などを指定します。

フォント（書体）を指定します。右側の▼をクリックすると、パソコンにインストールされているフォントが表示されます。

文字のサイズを指定します。右側の▼をクリックすると、サイズが表示されます。直接数字を入力することもできます。

文字の色を変更します。

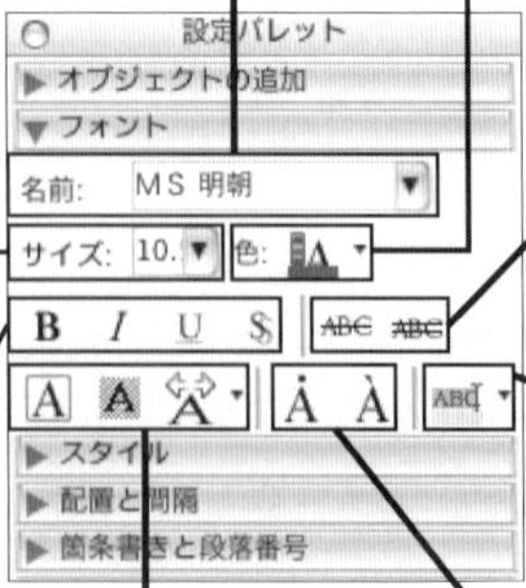

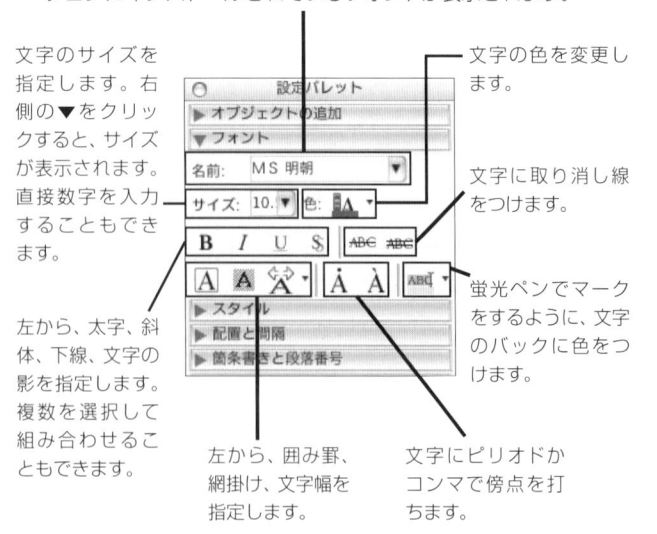

文字に取り消し線をつけます。

蛍光ペンでマークをするように、文字のバックに色をつけます。

左から、太字、斜体、下線、文字の影を指定します。複数を選択して組み合わせることもできます。

左から、囲み罫、網掛け、文字幅を指定します。

文字にピリオドかコンマで傍点を打ちます。

7 テキストボックスの設定

テキストボックスは、あらかじめ枠線がつく設定になっています。その枠線を消すには、「書式」メニューから「テキストボックス...」を選択します。選択すると「テキストボックスの書式設定」ウインドウが開きます。

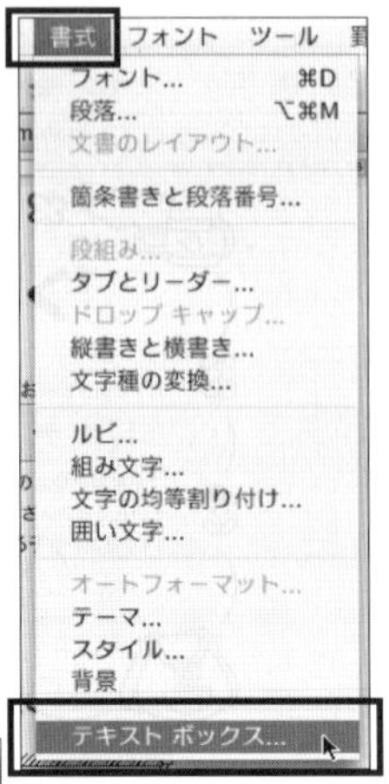

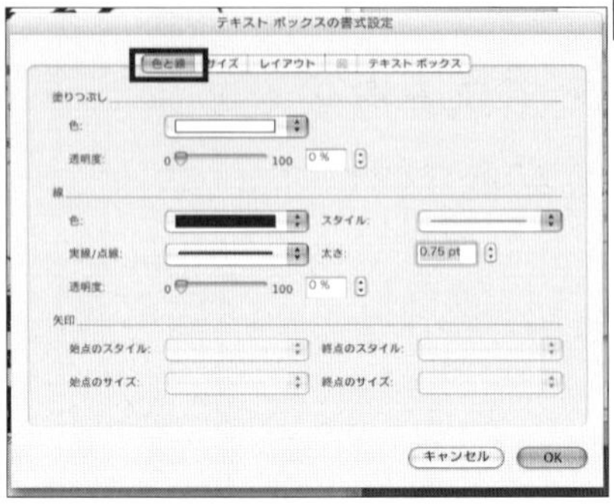

左の画面と違うものが表示されているときは、「色と線」をクリックして、左の画面にします。

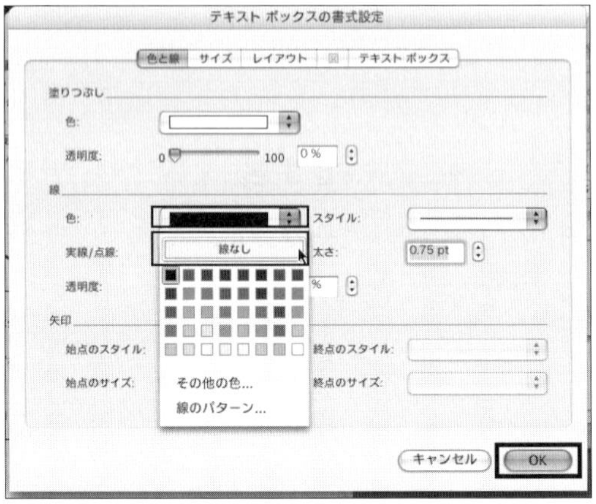

「線」の設定の「色」の部分をクリックし「線なし」を選び、「OK」をクリックします。

テキストボックスの枠線がなくなります。

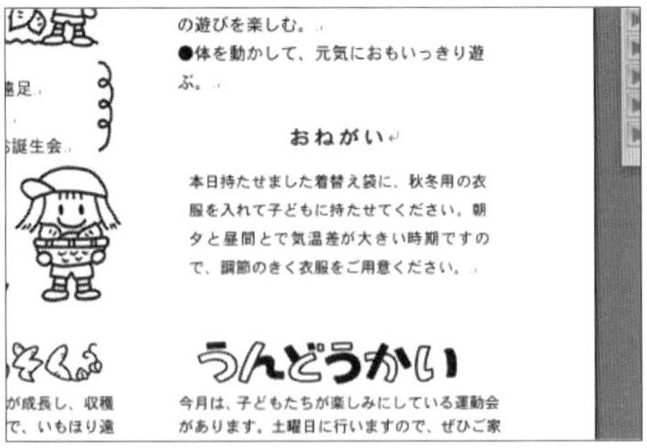

ステップ 5

イラストを差しかえましょう！

目的に合ったイラストを付属のCD-ROMから選んで、テンプレートのイラストと置きかえてみましょう。ここではP024-02m.docのイラストをP076-02.jpgに変更する手順を説明します。

1 テンプレートを開く

ステップ ❶ の手順を参考に、テンプレートP024-02m.docをデスクトップにコピーします。コピーできたら、アイコンをダブルクリックして開きます。

2 変更したいイラストを選択する

変更したいイラストにマウスポインタを合わせ、手の形になったらクリックします。周囲に□が出て、そのイラストが選択された状態になります。

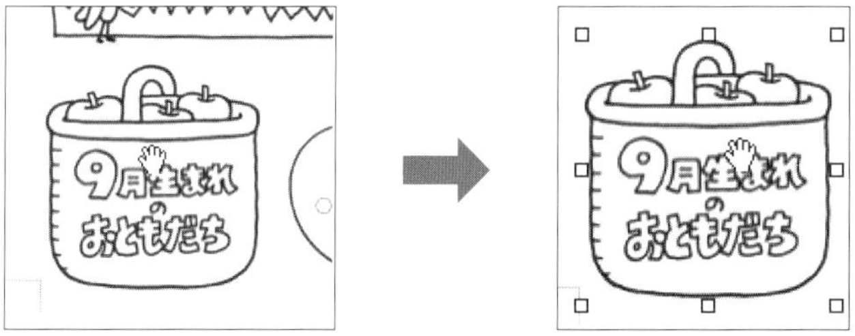

3 イラストを削除する

キーボードの「delete」キーを押すとイラストが削除されます。

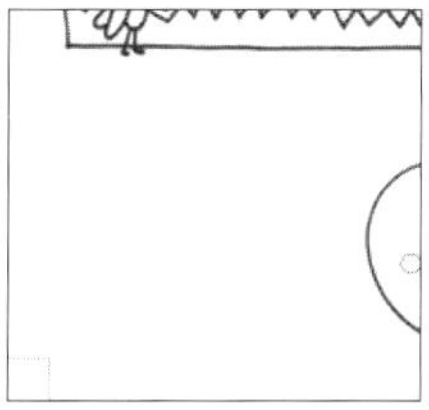

4 イラストの挿入を選ぶ

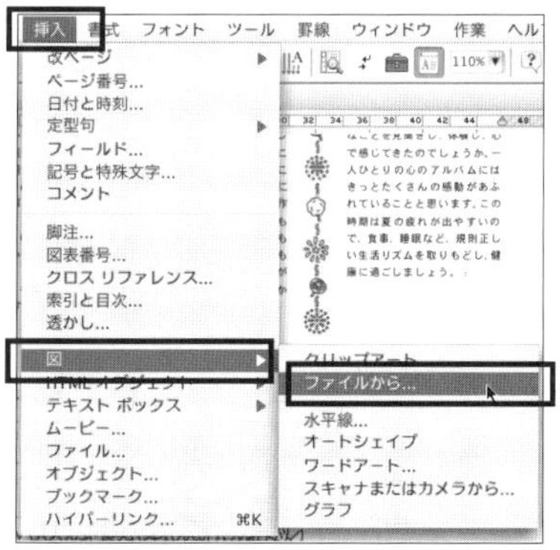

「挿入」メニューから「図」→「ファイルから...」の順に選択します。

5 入れたいイラストを選ぶ

ファイルを選ぶウインドウが開くので「10gatsu」→「P076」→P076-02.jpgの順に選んで「挿入」をクリックします。

通常はページの先頭にイラストが挿入されますが、たまに右図のように変な場所に挿入されて、ページのレイアウトが変わってしまうことがあります。次からの手順で直りますので、あわてず作業を続けましょう。

6 図の書式設定をする

挿入されたイラストをクリックすると、イラストの周囲に■が表示された状態になります。

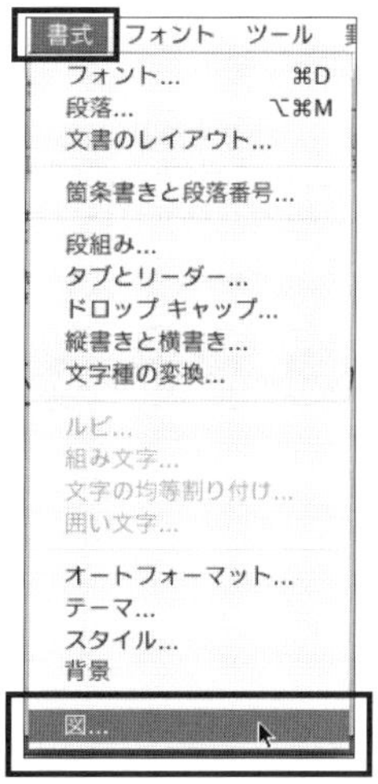

続いて「書式」メニューから「図...」を選択して「図の書式設定」ウインドウを開きます。

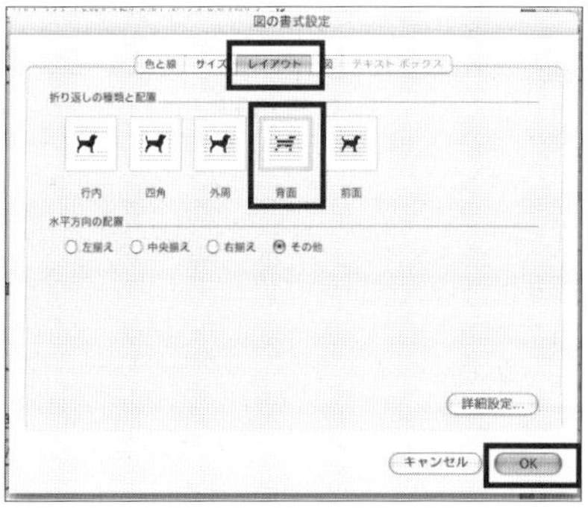

「レイアウト」をクリックして右の画面にし、「背面」を選んでから「OK」をクリックします。

7 イラストの位置を調整する

イラストが□に囲まれた状態になり、動かせるようになります。このとき、イラストはページの先頭に移されます。ページの下のほうを表示していた場合、イラストが消えたように見えますが、画面の上を表示するとイラストがあります。

イラストをドラッグして、目的の場所まで移動させましょう。

8 イラストの大きさを変える

イラストは大きさを変えることができます。周囲の□にマウスポインタを合わせると、テキストボックスのときと同じように形が変わります。その状態でドラッグすると大きさを変更できます。

四隅の□をドラッグすると、イラストの縦横比を保ったまま、大きさを変えることができます。

上下の□をドラッグすると、横幅を保ったまま、イラストの縦のサイズが変更できます。

左右の□をドラッグすると、高さを保ったまま、イラストの横のサイズが変更できます。

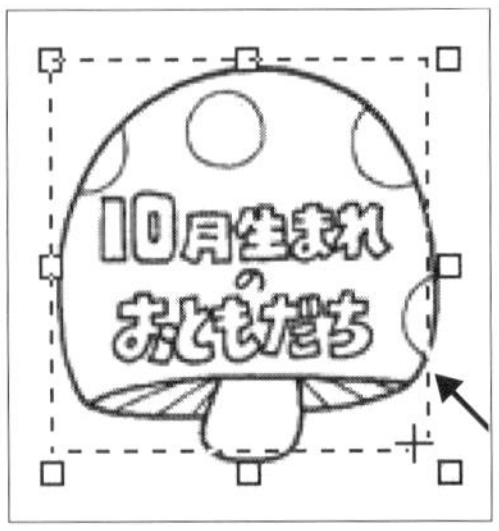

点線の範囲が変更後のイラストの大きさになります。点線を参考に、イラストの大きさを変えてみましょう。

ワンポイント

イラストを回転させたい場合は、イラストをクリックして選択し、「書式」メニューから「図...」を選択して表示される「図の書式設定」ウインドウ（P.157参照）で、「サイズ」をクリックし、「回転角度」に回転させる角度を入力して「OK」をクリックします。

※Word 98では、この操作はできません。

ステップ6 名前をつけて保存しましょう！

作ったファイルはわかりやすい名前をつけて保存しておきましょう。あとで変更したり、自分用のひな形として使うことができます。

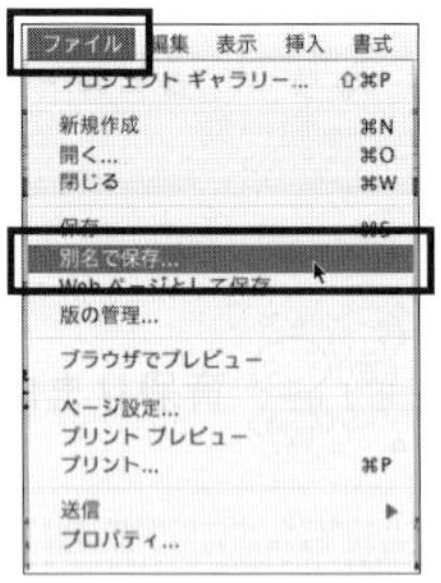

画面上部の「ファイル」メニューから「別名で保存...」を選択します。保存用のウインドウが開きます。

「場所」の右にあるバーをクリックして、ファイルを保存する場所を選びます。ファイルの名前を入力して「保存」をクリックします。

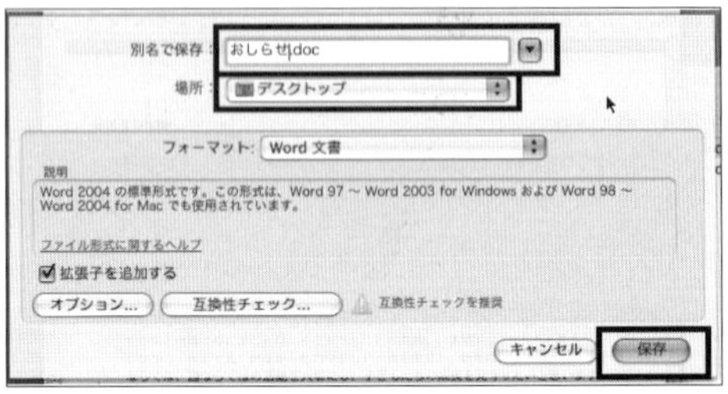

ステップ7 印刷しましょう！

パソコンにプリンタをつないで、作ったファイルを印刷してみましょう。お使いのプリンタによって機能が異なりますので、プリンタの説明書をよく読んでおきます。

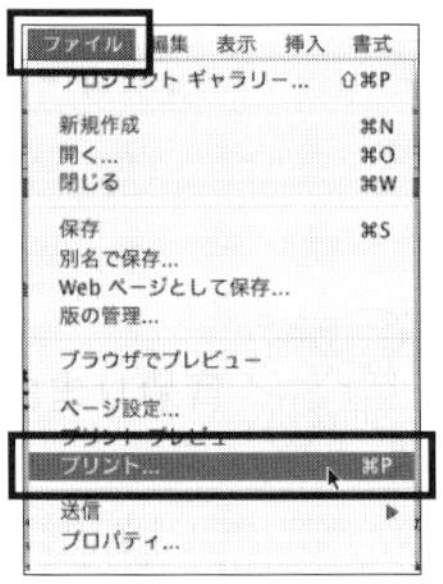

画面上部の「ファイル」メニューから「プリント」を選択すると、印刷用のウインドウが開きます。

「印刷部数と印刷ページ」をクリックすると、用紙の種類などを選ぶこともできます。プリンタの説明書を参照しましょう。すべてよければ「プリント」をクリックして印刷を始めます。

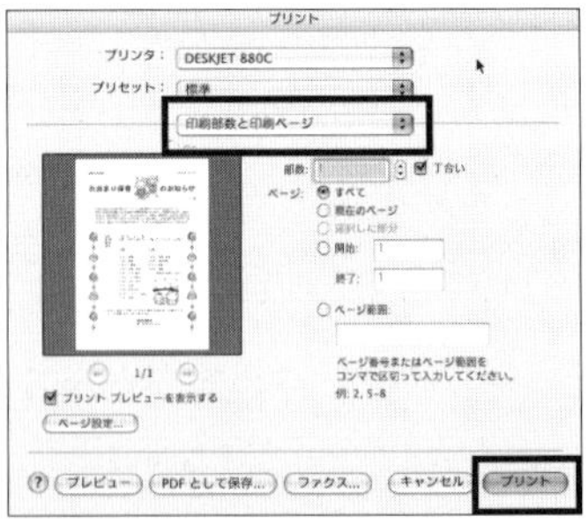

ステップ 8
Excelに文字を入力しましょう!

付属のCD-ROMには名簿などを作るときに便利なExcelのテンプレートも収録されています。ここではP026-01m.xlsを例にExcelでの文字の入力を説明します。

1 テンプレートを開く

ステップ ❶ の手順を参考に、テンプレートP026-01m.xlsをデスクトップにコピーします。コピーできたら、アイコンをダブルクリックすると、Excelが起動してファイルが開きます。

2 文字を入れる場所を選ぶ

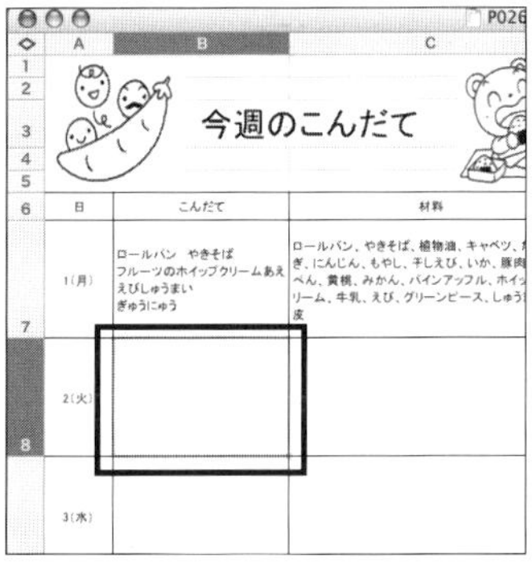

新しく文字を入れたい場所をクリックします。左の図では「8」の段と「B」の段が交差する場所が選ばれています。この区切られた場所を「セル」と呼びます。

3 文字を入力する

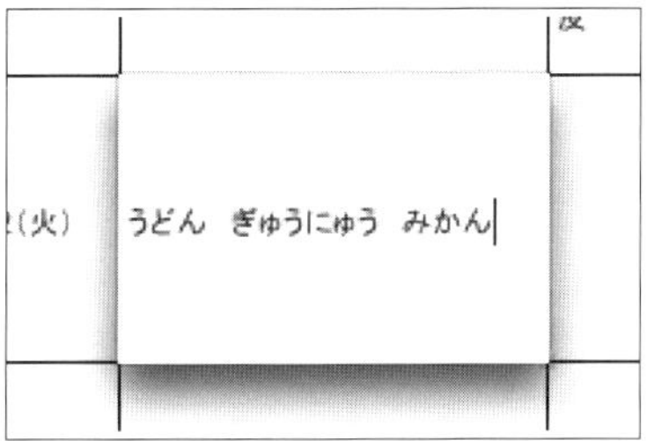

キーボードから文字を入力すると、選んだセルの中に文字が入ります。入力が終わったら、キーボードの「return」キーを押すか、別のセルをクリックします。

ワンポイント

Excelは「セル」が縦横にびっしりとタイルのように並んだものです。タイルの一つひとつに、文字や数字を入力することができるというイメージでとらえると、理解しやすいかもしれません。本来は数字を入力して、合計や平均を出すソフトですが、面倒な表を作るために使われることも多いソフトです。「セル」をはじめ耳慣れない用語も多いですが、「セル」以外では横の段を「行」、縦の段を「列」と呼ぶことを覚えておけば、普段使う分には十分です。

4 セルの中の文字を変更する

変更したい文字が入っているセルをクリックします。セルの中の文字が画面の上のほうに表示されます。

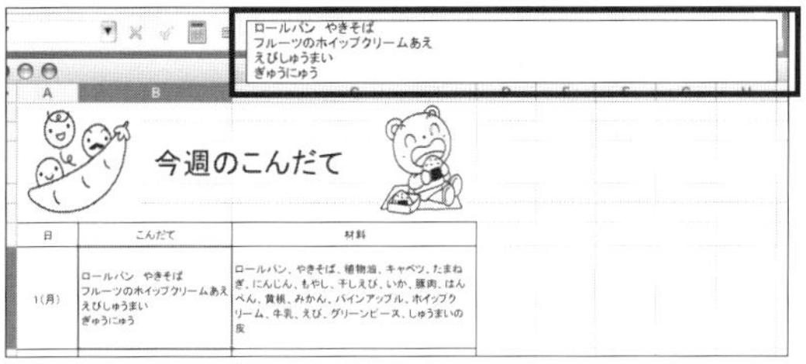

変えたい文字の先頭から末尾までドラッグして、選択された状態にします。

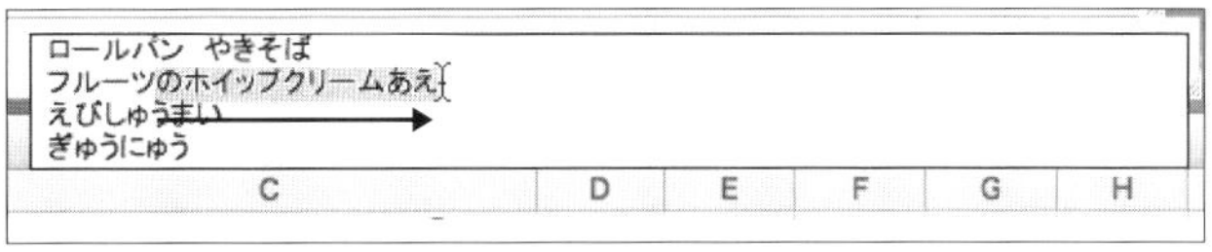

キーボードから文字を入力します。

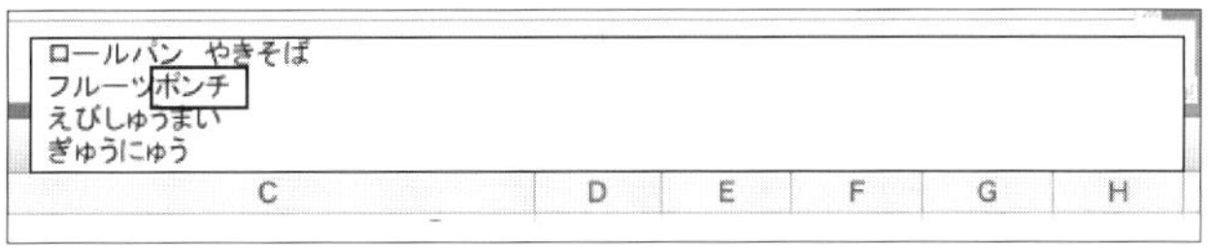

キーボードの「return」キーを押すと入力が完了します。これで文字が変更できました。

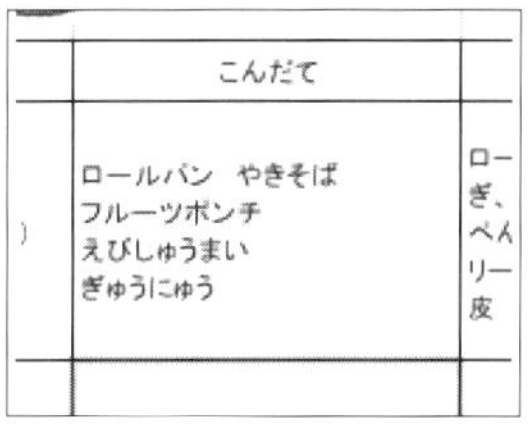

5 セルの中で改行する

セルの中で改行するには、文字を入力している状態でキーボードの「control」と「⌘」キーを押しながら「return」キーを押します。すでに文字が入っているセルの場合は、❹ を参考に文字の変更ができるようにして、改行したい場所をクリックまたは選択してから、同様に「control」「⌘」「return」キーを押しましょう。

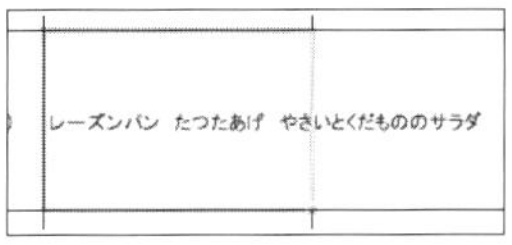

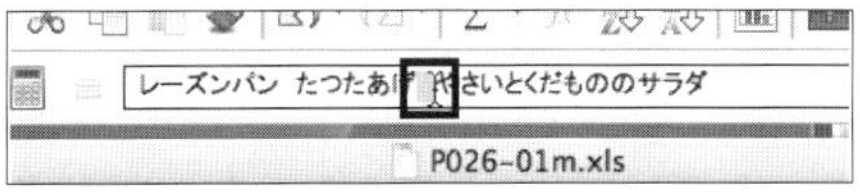

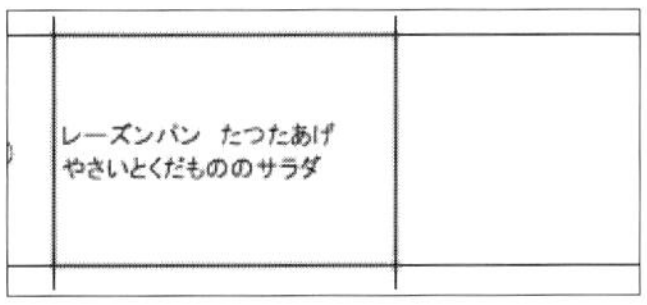

ステップ9 行や列の数を変えてみましょう!

名簿のテンプレートP027-01m.xlsを使って、クラスの人数に合わせて行の数を変える方法を説明します。列の数を変えるのも、行と同じ手順で行います。

1 テンプレートを開く

ステップ❶の手順を参考に、テンプレートP027-01m.xlsをデスクトップにコピーします。コピーできたら、アイコンをダブルクリックして開き、名簿を入力します。

2 不要な行を削除する

削除したい行を選択するには、セルの左端にある数字（ここでは「37」）をクリックします。

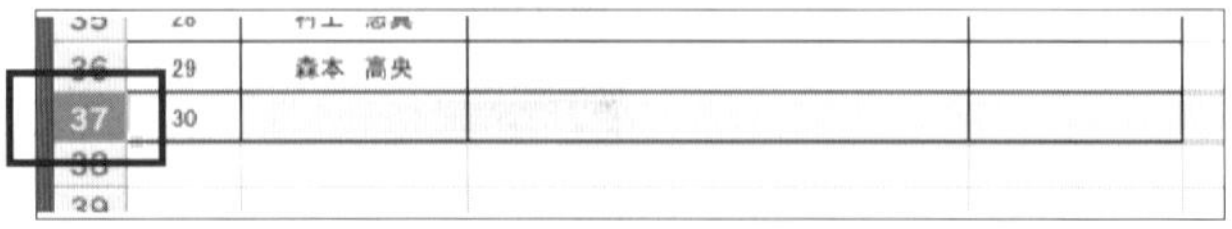

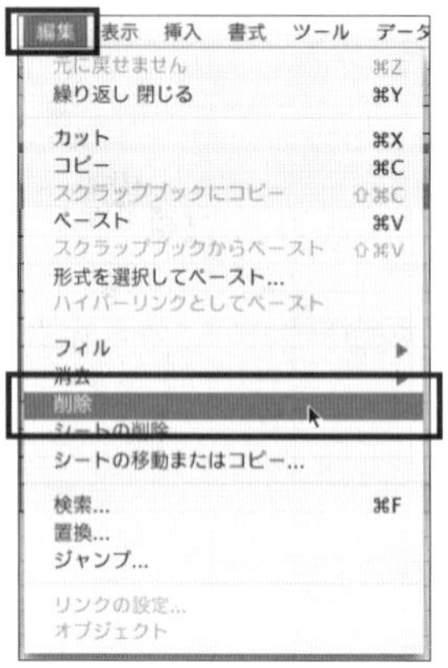

画面上部の「編集」メニューから「削除」を選択します。選択した行が削除されます。列も同様に削除することができます。列は上端のアルファベットをクリックすると選択できます。

3 行を挿入する

挿入したい場所の行（ここでは「16」）をクリックします。

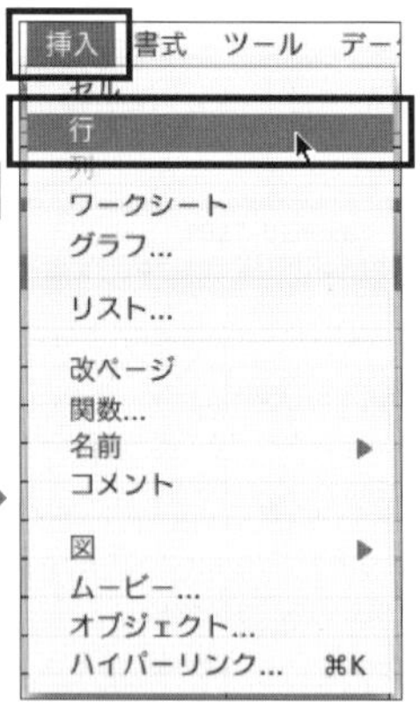

「挿入」メニューから「行」を選ぶと、選択した行の上に新しい行が挿入されます。

ステップ10 イラストを差しかえましょう!

名簿のテンプレートP027-01m.xlsを使って、クラスの名前に合ったイラストに差しかえます。ここでは、あらかじめステップ❽の❹の手順でクラス名を変えてあります。

1 イラストを削除する

イラストにマウスポインタを合わせ、手の形になったらクリックしてイラストを選択します。周囲に□が表示されていれば、イラストが選択された状態になっています。その状態で「delete」キーを押すと、イラストが削除されます。

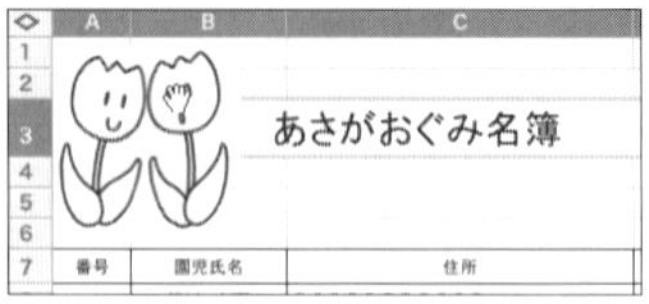

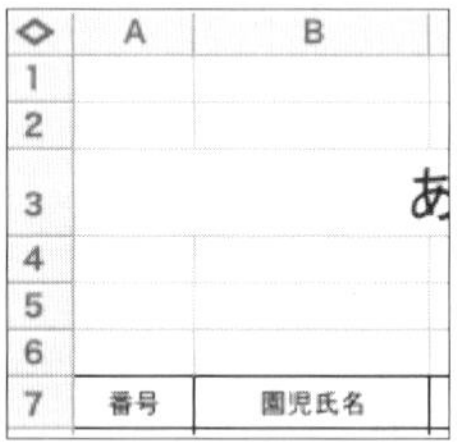

2 イラストを挿入する

画面上部の「挿入」メニューから「図」→「ファイルから...」の順に選ぶと、「図の選択」ウインドウが開きます。

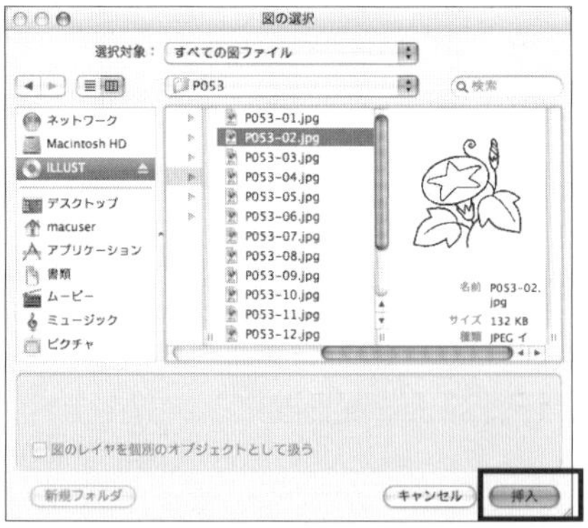

ステップ❺の❺の手順で挿入したいイラストを選び、「挿入」をクリックすると、イラストが挿入されます。